natürlich oekom!

Mit diesem Buch halten Sie ein echtes Stück Nachhaltigkeit in den Händen. Durch Ihren Kauf unterstützen Sie eine Produktion mit hohen ökologischen Ansprüchen:

- mineralölfreie Druckfarben
- Verzicht auf Plastikfolie
- Kompensation aller CO_2-Emissionen
- kurze Transportwege – in Deutschland gedruckt

Weitere Informationen unter www.natürlich-oekom.de und #natürlichoekom

Nachhaltigkeitskodex des oekom verlags
http://datenbank2.deutscher-nachhaltigkeitskodex.de/Profile/CompanyProfile/9023/de/2015/dnk

Bibliografische Information der Deutschen Nationalbibliothek:
Die Deutsche Nationalbibliothek verzeichnet diese Publikation in der Deutschen Nationalbibliografie; detaillierte bibliografische Daten sind im Internet über www.dnb.de abrufbar.

oekom – Gesellschaft für ökologische Kommunikation mbH,
Waltherstraße 29, 80337 München

Redaktion: Sigrun Hannemann, www.bergblumengarten.de
Korrektorat: Maike Specht
Satz: Silke Klemt

Druck: Friedrich Pustet GmbH & Co. KG, Regensburg

ISBN 978-3-96238-415-9

Ulrike Windsperger

Balkongärtnern im Klimawandel

Von der kühlen Oase bis zum Naschbalkon

Alles über Schattenspender, robuste Pflanzen und kluge Bewässerung

Vorwort

Meine Eltern hatten immer einen Garten, in dem wir die Wochenenden und die Ferien verbrachten. Der nahe Baggersee, in dem es viele Fische und Frösche gab, war für die Erwachsenen wie für uns Kinder ein großer Genuss. Man ging barfuß durch die hohen Wiesen und konnte wunderschöne Blumensträuße pflücken. Wie ein roter Faden ziehen sich das gärtnerische, einfache, naturnahe und später das umweltpolitische Thema durch mein Leben. Ich fühle mich – so weit ich zurückdenken kann – dem Garten und der Natur verbunden.

Wichtig ist und war mir immer, Menschen für die Schönheit und Integrität der Natur und den damit verbundenen eigenen Zauber begeistern zu können. Betörende Düfte von Pflanzen oder die wunderbare Luft nach einem Regenschauer, Vogelgesänge, die spürende Leichtigkeit beim Betrachten von zarten Moospolstern im Wald, die unterschiedlichsten Grüntöne von Gräsern und Blättern, wunderbare Spinnennetze zwischen den Pflanzen zu entdecken oder die Schönheit von Schmetterlingen zu bewundern, können ein Leben lang Freude vermitteln und begeistern mich immer wieder aufs Neue.

In zunehmend heißen und trockenen Sommern zeigt sich, dass das Gärtnern und der Umgang mit der Natur nicht mehr so funktionieren, wie wir es seit Jahrzehnten gewohnt sind. Es ist eine große Herausforderung, aber auch eine Chance, mit den veränderten klimatischen Bedingungen zurechtzukommen.

Das Gärtnern in Zeiten des Klimawandels erfordert neue Herangehensweisen, um auf Balkonen, Terrassen oder in Kleingärten in der Stadt erfolgreich Obst, Gemüse und Kräuter anpflanzen und ernten zu können. Auch die Landwirtschaft wird sich verändern müssen, will sie auf Dauer überleben. Bei wochenlangen hohen Temperaturen über 30 °C und ganztägiger Sonneneinstrahlung heizen sich nicht zuletzt Balkone und Terrassen übermäßig auf. Steigen die Temperaturen auf über 35 °C, leiden alle Pflanzen unter Trockenheitsstress. Besonders in Kästen, Kübeln oder Hochbeeten haben es die Wurzeln schwer, ihre Funktion zu erfüllen. Pflanzen stellen dann das Wachstum ein, werfen ihre Blätter ab oder bilden vorzeitig sogenannte Notblüten. Jede Pflanze will überleben und sorgt mit einer vorzeitigen Blüten- und Samenbildung für Nachkommen.

Mediterrane Terrassenträume – aufgrund des Klimawandels bald auch bei uns möglich?

Dieses Buch will bewusst machen, dass Gärtnern überall funktioniert. Dafür braucht man keinen großen Garten. Der geschützte Raum eines Balkons ist die Chance, die veränderten Wetterbedingungen auszunutzen. Höhere Temperaturen rund ums Jahr verlängern die Anbauzeiten und lassen neue Sorten besser wachsen. Auf kleinsten Flächen entstehen mit der richtigen Bepflanzung und Gestaltung wichtige Lebensräume für Wildtiere. Trotz zunehmender Klimaveränderungen können Balkon und Terrasse zum grünen Wohnzimmer werden. Mit entsprechenden Maßnahmen wie Sonnensegel, Verschattungen und horizontalen und vertikalen Anbaumethoden lässt sich ein angenehmes Mikroklima für den Aufenthalt schaffen.

Gärtnern macht uns glücklich. Viele Studien beweisen, wie entspannend es ist, sich mit Pflanzen zu beschäftigen. Frisch geerntetes Gemüse und Obst schmeckt meistens viel besser als aus dem Supermarkt. Von Balkon, Terrasse oder Fensterbrett können wir uns ganzjährig mit frischen Salaten, Kräutern und Gemüse gesund selbst versorgen.

Ökologisches ganzjähriges Gärtnern trägt zu einer positiven Klimabilanz bei, weil wir mit dem Selbstanbau weniger Energie verbrauchen, Transporte vermeiden und damit Ressourcen schonen.

Völlig unterschätzt wurde bisher der Faktor, der durch die Verdunstung von Pflanzen entsteht; der Abkühlungseffekt von üppiger Vegetation kann einen großen positiven Beitrag zum Klimawandel bzw. zu seiner Reduktion beitragen. Dieses Potenzial soll beim Balkongärtnern genutzt werden: üppige Bepflanzung – Artenreichtum – viel Verdunstung – kein Hitzestau – gute Ernte – angenehmes Wohlfühlklima.

Ulrike Windsperger,
Winter 2022

Einführung
Was der Klimawandel für uns bedeutet

Länger anhaltende Hitze und Dürre, dazwischen intensivere Niederschläge – das ist es, was der Klimawandel für uns bereit halten wird. Wir Gärtnerinnen und Gärtner können unseren Beitrag gegen die Erderhitzung und für mehr Biodiversität leisten – auch indem wir als Zivilgesellschaft auftreten und mehr Klimaschutz einfordern.

Mit dem Erscheinen von Rachel Carsons Buchs »Der stumme Frühling« 1962 und der Veröffentlichung des Berichts an den Club of Rome »Die Grenzen des Wachstums« im Jahr 1972 wurden die ökologischen Probleme unserer Wirtschaftsweise und unseres Umgangs mit der Natur weltweit ins öffentliche Bewusstsein gebracht. Seither deutet alles darauf hin, dass die Zerstörung der Wälder, der Verlust von Böden, deren Versiegelung sowie das Ausbleiben von Niederschlägen, Dürren und Trockenheit und zugleich Überschwemmungen und Starkniederschlägen in riesigen Ausmaßen weltweit zugenommen haben. Diese zeitgleich auftretenden Ereignisse können das regionale Klima, aber auch weiter entfernte Regionen beeinflussen.

Niedrigwasser in Köln: das »neue Normal« in Zeiten heißer, trockener Sommer?

Längst sind die Zusammenhänge der sich gegenseitig beeinflussenden Faktoren und Probleme, seien es das individuelle Konsumverhalten, Tourismus, Energieverbrauch, Auswirkungen der konventionellen Landwirtschaft, Verlust der Artenvielfalt von Flora und Fauna, Boden- und Humusverluste, sinkende Grundwasserpegel, Müll und Kunststoffe in Meeren, Pestizide in der Arktis und Antarktis u. v. m., erkannt. Es gibt nicht nur einen Verursacher, wir alle sind Verursacher*innen und tragen durch unseren überzogenen Konsum und unseren Lebensstil zum Klimawandel bei.

Ein politischer Appell zu Beginn

Die Politik hat es immer verstanden, Themen und Aufgaben wie Umwelt-, Boden-, Klima- und Artenschutz als nachrangig zu behandeln, trotz aller Warnungen, dass immer mehr Arten verschwinden und sich das Klima zum Nachteil der gesamten Welt verändert.

Das beginnt bereits mit der Sprache: Klimawandel suggeriert, dass es sich um einen natürlichen, langsam verlaufenden Prozess handelt, so der Umweltwissenschaftler Nils Meyer-Ohlendorf. Daraus ließe sich schließen, dass der Klimawandel etwas sei, das man nicht fürchten muss, teils, weil er ohnehin »woanders« stattfindet. Ehrlicher wäre es, das Kind beim Namen zu nennen, nämlich Klimakrise bzw. Klimakatastrophe. Was manchen immer noch als wunderbare Sommerzeit erscheinen mag, hat gravierende Auswirkungen auf die gesamte Natur, auch auf unsere. Wir mögen die lauen Abende genießen, die längere warme Jahreszeit, doch extrem hohe Temperaturen sind auch für uns Menschen belastend, warme Nächte lassen uns nicht mehr entspannt schlafen.

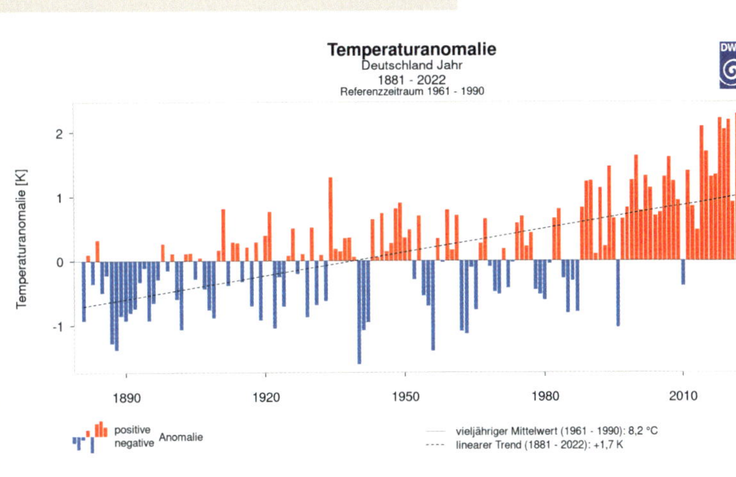

Seit 1881 steigen die Temperaturen stetig an, der Klimawandel lässt sich nicht mehr leugnen.

Mittlerweile ist die Klimakrise auch bei uns spürbar. Innerhalb der letzten 20 Jahre gab es sechs sogenannte Jahrhundertsommer, Sommer also, die es statistisch nur einmal in hundert Jahren geben dürfte. Das Jahr 2021 war das wärmste seit Beginn der Wetteraufzeichnungen 1881. Doch selbst jetzt, in Zeiten, in denen Dürre, Wassermangel und absterbende Wälder im Fokus der Politik stehen müssten, wird von vielen Seiten immer noch gebremst und verharmlost.

Als Gärtnerinnen und Gärtner sind wir nicht nur Liebhaber*innen von Pflanzen und Tieren; wir sind auch Teil der Zivilgesellschaft und können der Politik klarmachen, dass eine engagiertere Vorsorge- und Anpassungspolitik nötig sind, für uns, aber auch und vor allem für die nachfolgenden Generationen.

Klima, Wetter, Klimawandel – wie lässt sich das unterscheiden?

Die Weltorganisation für Meteorologie (WMO) definiert Klima als Statistik des Wetters über einen Zeitraum, der lang genug ist, um diese statistischen Eigenschaften bestimmen zu können. Während Wetter den physikalischen Zustand der Atmosphäre zu einem bestimmten Zeitpunkt an einem bestimmten Ort beschreibt, ist Klima erst dann richtig gekennzeichnet, wenn die Wahrscheinlichkeiten für Abweichungen vom Mittelwert angegeben werden können, also auch

Extremwerte. Dazu werden meist 30 Jahre währende Untersuchungen herangezogen.

Der Begriff »Klimawandel« bezeichnet also langfristige Veränderungen der Temperaturen und Wettermuster. Diese Veränderungen können natürlichen Ursprungs sein und beispielsweise durch Schwankungen in der Sonnenaktivität entstehen. Doch seit dem 19. Jahrhundert ist der Klimawandel hauptsächlich auf menschliche Tätigkeiten zurückzuführen, allen voran auf die Verbrennung fossiler Brennstoffe wie Kohle, Erdöl und Erdgas. Bei der Verbrennung fossiler Brennstoffe entstehen Treibhausgasemissionen, die sich wie ein Mantel um die Erde legen und so die Sonnenwärme zurückhalten und die Temperaturen ansteigen lassen. Die Treibhausgaskonzentrationen sind so hoch wie seit zwei Millionen Jahren nicht mehr. Und die Emissionen steigen weiter. Infolgedessen ist die Erde heute um 1,1 °C wärmer als zum Ende des 19. Jahrhunderts. Das vergangene Jahrzehnt (2011–2020) war das wärmste seit Beginn der Aufzeichnungen.

Wärmere Sommer, angenehme Temperaturen – das wird von vielen als Klimawandel verstanden. Aber Temperaturen bis 40 °C und mitunter bis zu 45 °C bedeuten große Belastungen für Mensch und Natur. Ausgetrocknete Flüsse wie der Po zeigen die Auswirkungen, die das dichte Geflecht von Wasserführung, -verbrauch und -verschwendung, Veränderungen und Eingriffe in die Landschaft, Verrohrungen von Wasserläufen sowie die Trockenlegungen von Mooren mit sich bringen. Jedes System greift in ein anderes ein.

Die Verbrennung fossiler Treibstoffe facht den Klimawandel weiter an.

Aktuell spricht man immer häufiger von der Klimakrise, in der wir uns befinden. Extremwetter und Katastrophen häufen sich, Ernteerträge verringern sich, und globale CO_2-Emissionen legen weiter zu. Viele Menschen werden durch die Klimakrise zur Flucht gezwungen. Es handelt sich um eine ökologische, politische und gesellschaftliche Krise, die menschengemacht ist.

Die Auswirkungen des Klimawandels auf Pflanzen und Tiere

Übermäßige Hitze und Trockenheit bedeuten für die meisten Pflanzen und Tiere Stress. Trocknen die Böden für längere Zeit bis in tiefere Schichten aus, sterben Mikroorganismen und andere Bodenlebewesen, die eine ständig feuchte Umgebung benötigen. Regenwürmer, Asseln und andere Bodenlebewesen ziehen sich bei Trockenheit in tiefere Bodenschichten zurück oder verfallen gar in einen Dürreschlaf. Wenn kein totes Material mehr abgebaut wird, verliert der Boden seinen Humusgehalt und verdichtet sich. Dadurch wird der Ertrag geringer und muss unter großem Aufwand wieder mit neuen Nährstoffen versorgt werden.

Gestörter Kreislauf bei Wassermangel

Werden Pflanzenwurzeln nicht ausreichend mit Wasser versorgt, vertrocknen sie, und die Pflanze stirbt. Man könnte auch sagen, wenn nicht genügend Wasser vorhanden ist, verhungern oder verdursten die Pflanzen, da bei ungenügender Wasserversorgung das Kreislaufsystem der Pflanze unterbrochen wird. Es erfolgt dann weder die notwendige Wasseraufnahme noch die Versorgung mit den im Wasser gelösten Mineralien. Die Aufnahme durch die Pflanzenwurzeln und der Transport bis in die Pflanzenspitzen sind unterbrochen. Die Pflanze schließt ihre Spaltöffnungen, die sogenannten Stomata, um nicht zu vertrocknen. So erfolgt weder Verdunstung noch die Versorgung mit Nährstoffen und Wasser. Sind die Stomata geschlossen, können auch die Pflanzenwurzeln nicht aktiv sein. Werden wiederum die Wurzeln nicht ausreichend mit Wasser versorgt, kann die Pflanze keine Photosynthese betreiben – das Wachstum, die Fruchtbildung oder -reife stagniert.

Wasser, dringend benötigt, v. a. wenn Erde brach liegt

Abhängig ist das ganze System vom sogenannten Turgor, dem Zellsaftdruck. Je größer der Turgor ist, umso stabiler ist die Zellwand. Wenn eine Pflanze zu wenig Wasser erhalten hat, ist der Turgor gering, die Pflanze schlappt, die Blätter und Stängel hängen. Sobald sie gegossen wird, kann man zusehen, wie die Pflanze ihre Blätter schnell wieder aufrichtet und im Blatt erneut eine Spannung erkennbar ist. Mittels des Turgors kann die Pflanze ihre Stomata bei ausreichend Wasser wieder öffnen oder bei Wassermangel schließen.

Lebendiger Boden

Die Pflanzenwurzeln stehen in direktem Austausch mit den Bodenlebewesen, den Mikroorganismen und der Mykorrhiza, den Bodenpilzen. Pflanzenwurzeln und Bodenpilze bilden eine Symbiose, eine Lebensgemeinschaft. Beide versorgen sich gegenseitig. Die Pflanze gibt u. a. Zuckerstoffe an die Mykorrhiza ab, und die Pflanze erhält im Gegenzug verwertbare Nährstoffe wie Stickstoff und Phosphor. Die Mykorrhiza schützt einerseits die Pflanzenwurzeln vor Pilzen und Krankheiten, erhöht andererseits die Trockenresistenz der Pflanzen. Eine weitere wichtige Eigenschaft der Mykorrhiza ist, dass sie Mineralstoffe und Wasser besser aus dem Boden lösen kann und für die Pflanzen zur Verfügung stellt.

Humusreicher Boden als Grundlage des Lebens

Ein lebendiger Boden muss also immer genügend Feuchtigkeit aufweisen, damit Pflanzen unter- und oberirdisch gut gedeihen können. Werden Boden und Pflanzen nicht ausreichend mit Wasser versorgt, leiden die Pflanzen und sind dadurch krankheitsanfällig.

Tiere leiden unter der Hitze

Auch für Tiere, vor allem für Insekten wie Hummeln, Wildbienen, Honigbienen und Schmetterlinge, sind temperaturbedingte Klimaveränderungen problematisch.

Steinhummel

Der Klimawandel führt bereits zu einem starken Rückgang von Hummeln. Während Honigbienen Sonnentiere sind, die nur bei Sonnenschein und ab 12 °C einen Ausflug zu den Blüten unternehmen, fliegen Hummeln, wie andere Wildbienen auch, bereits bei wesentlich niedrigeren Temperaturen.

Im Frühjahr, wenn die Tagestemperaturen bei 6 °C liegen, kann man noch keine Honigbienen beobachten. Hummeln sind deshalb als Bestäuber unersetzlich. Nicht nur im Frühjahr, auch an kalten und regnerischen Tagen fliegen nur Hummeln und Wildbienen zur Pollen- und Nektarsuche auf die Blüten.

Zunehmend höhere Temperaturen machen den Hummelvölkern zu schaffen. Sollten die Temperaturen in den Sommermonaten weiterhin steigen, kann es sein, dass viele Hummelarten, die ohnehin stark gefährdet sind und auf der Roten Liste stehen, bei uns verschwinden werden.

Klimaveränderungen wirken sich auf die Artenvielfalt von Schmetterlingen aus. Sie sind wechselwarme Tiere und können keine eigene Körperwärme erzeugen und sind deshalb von ihrer Umgebungswärme abhängig. Besonders größere Schmetterlinge mit dunkleren, bunten Flügeln wie z. B. der Admiral [Vanessa atalanta] leiden unter zu hohen Temperaturen und haben mehr Schwierigkeiten, ihre Körpertemperatur zu kontrollieren.

Die Bedeutung des Wassers für Bienen

Wie alle Lebewesen benötigen auch Insekten Wasser. Ein Bienenvolk z. B. braucht pro Jahr ca. 120 Liter Wasser, die in das Volk von den Arbeiterinnen eingetragen werden. Das Wasser ist zum einen für die Aufzucht der Brut notwendig, zum anderen regulieren die Bienen damit die Wärme im Bienenstock. Im Bienenstock ist die Temperatur immer gleichmäßig bei ca. 32 °C. Die verdeckelte Brut benötigt hingegen eine Temperatur von ca. 36 °C. Ein Bienenvolk wendet allein für die Klimaregulierung, für Abkühlung oder Erwärmung etwa 40 Prozent ihres gesamten Energiehaushalts auf.

Bei großer Hitze oder wenn Bienenstöcke der Sonne ausgesetzt sind, verteilen die Bienen Wassertröpfchen, die von den Flugbienen eingetragen wurden, auf den Bienenwaben im Bienenstock. Mit der Methode der Verdunstungskälte reduzieren sie damit die Wärme im Stock. Nur dadurch können sie vermeiden, dass das Bienenwachs, aus dem die Waben bestehen, schmilzt. In den Waben ziehen sie ihre Brut auf und lagern dort die Honigvorräte. Bienenvölker sind mit dieser Methode in der Lage, selbst bei Außentemperaturen von über 40 °C den Innenraum so stark herunterzukühlen, dass die Brutwaben nie wärmer werden als 36 °C.

Die »Stockbienen« imitieren außerdem den kühlen Luftstrom eines Ventilators auf natürliche Weise: Man sieht sie an heißen Tagen am Flugloch mit ihren Flügeln schlagen; damit fächeln sie einen Luftstrom in den Bienenstock.

Um Verluste und Stress zu vermeiden, benötigen auch Bienen schattige Unterkünfte mit ausreichenden Wassersammelstellen.

Natürlich gestaltete Bienentränke

INFO

Bienen können nicht besonders gut schwimmen, deshalb in aufgestellte Wasserschalen unbedingt Korken, Hölzer, Stängel oder Moose legen, auf die sich die **Bienen retten** können.

Admiral

Bienenfresser fühlen sich im wärmeren Klima wieder wohl.

Schmetterlinge mit weißen oder hellen Flügeln wie der Große Kohlweißling (Pieris brassicae) und der Zitronenfalter (Gonepteryx rhamni) können sich am besten gegen Temperaturschwankungen der Umwelt schützen. Laut Forschung richten sie ihre reflektierenden Flügel im Verhältnis zur Sonne aus und lenken die Sonnenwärme so entweder auf ihren Körper oder davon weg. Diese Arten verfügen entsprechend über stabilere bzw. wachsende Populationen.

Aufgrund der Wechselbeziehungen der Nahrungsnetze führt der klimawandelbedingte Rückgang der Insekten gleichzeitig zum Rückgang der Arten, die von den Insekten leben. Besonders auffällig wird das beim Verschwinden verschiedener Vogelarten, die Raupen und Insekten als Nahrung für ihre Brut benötigen.

Bei Zugvögeln wandern durch die klimabedingte Temperaturerhöhung Vögel wie der Bienenfresser aus dem Süden zu uns ein, und andere wie die Weißstörche ändern ihr Zugverhalten komplett. In einigen Gebieten Deutschlands mit besonders hohem Vorkommen an Störchen ziehen nur noch die Jungstörche in den Süden. Die Altvögel finden noch genug Nahrung in den milden Wintern und verteidigen lieber ihre Nester.

Vogelarten, die besonders von feuchten Lebensräumen wie Mooren und Feuchtwiesen abhängig sind wie Kiebitz, Brachvogel und Bekassine, werden ihre Brutgebiete immer mehr verlieren.

Wieso sind Städte und damit Balkone und Terrassen in besonderer Weise betroffen?

Ländliche Gegenden haben häufig eine um mehrere Grad Celsius geringere Temperatur als Innenstädte. Dieses Phänomen zeigt sich sommers wie winters. Büsche, Sträucher, Bäume, Wiesen und eine Vielzahl an Pflanzen verdunsten große Mengen Wasser, was zu einem angenehmen Abkühlungseffekt führt. Bäume und andere Gehölze spenden angenehmen Schatten. Aufgrund der Verdunstungskälte der Pflanzen fühlt man sich selbst bei hohen Temperaturen in schattigen Gärten, Parkanlagen und besonders in Wäldern wohl.

In den meisten Innenstädten fühlt man sich im Sommer bei Hitze und Trockenheit sehr unwohl. Ein Hauptgrund dafür ist die zu dichte Bebauung. Riesige Hauswände absorbieren die Sonnenwärme und geben diese sogar nachts noch ab. Die warme Luft staut sich zwischen den Häusern, wenn die Luft nicht ausreichend zirkulieren kann.

Städte leiden unter enormer Bodenversiegelung und dem damit in Verbindung stehenden geringen Grünflächenangebot. Alle Straßen,

Fußgängerwege und Plätze sind mit Steinplatten belegt, die zur Aufheizung und zu Hitzeinseln beitragen.

Dadurch wird in den Städten einerseits die Regenwasseraufnahme und die Grundwasserbildung erschwert, andererseits führt Starkregen häufig zu Überschwemmungen. Jede Grünanlage in der Stadt kann einen Beitrag zum Klimaschutz leisten. Parkplätze, Flachdächer, Schulhöfe – hier gibt es noch ein großes Potenzial.

Darüber hinaus fehlt es in Städten an Fassaden- und Dachbegrünungen. Das am meisten verwendete Baumaterial Beton speichert Wärme besonders gut und gibt diese nur langsam wieder ab. Immer größere Fenster- und Glasflächen bei Neubauten tragen durch Reflexion zur Wärmeentwicklung bei.

Stadtbäche, die mit ihrem kühlenden Wasser der Hitze Abhilfe schaffen könnten, wurden in den letzten Jahrzehnten und Jahrhunderten überwiegend verrohrt. Auch viele Brunnen wurden – oft aus Kostengründen – stillgelegt. Sie standen in früheren Zeiten als Trinkwasserquelle zur Verfügung.

Betonwüsten werden zu Hitzefallen (oben), Grün hilft: fassadennahe Bepflanzung und Baumallee (unten).

Balkone

Balkone, vor allem südseitige, sind in heißen Sommern wie kleine Wärmeinseln, die sich bis auf 50 bis 60 °C aufheizen können. Als Material der Balkonumrandung wird oft Beton verwendet, der die Wärme gut speichert und nur langsam wieder abgibt. Auch die Balkonböden sind entweder aus Beton gegossen, mit Klinkerplatten belegt, manchmal auch aus Metall, die ebenfalls so viel Wärme speichern, dass sie barfuß nicht zu betreten sind.

Wenn die gesamte städtische Umgebung schon unangenehm aufgeheizt ist, staut sich die Wärme überall. Insbesondere Balkone in oberen Stockwerken haben meist keine natürliche Beschattung, z. B. von Bäumen; diese hätten aufgrund ihrer Verdunstung einen angenehm kühlenden Effekt. Schatten spendende Markisen anzubringen ist vor allem in großen Wohneinheiten nicht immer erlaubt.

Dachterrassen

Es ist ein besonderes Privileg und Vergnügen, auf einer Dachterrasse gärtnern zu können. Dachterrassen sind ein wahrer Sommertraum und bereichern und verschönern das Leben unendlich. Da sie jedoch meist keine natürliche Beschattung von Gehölzen oder Bäumen haben, heizen sie sich enorm auf und können ohne Sonnenschutz nicht genutzt werden.

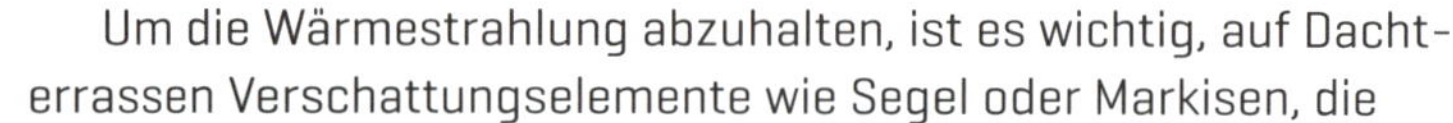

Um die Wärmestrahlung abzuhalten, ist es wichtig, auf Dachterrassen Verschattungselemente wie Segel oder Markisen, die auch bei starkem Wind nicht gefährdet sind, einzuplanen (siehe S. 145ff.). Auch über entsprechend üppige Bepflanzungen (siehe S. 147ff.) kann ein angenehmes Klima erreicht werden.

Üppig bepflanzte und schattenspendende Dachterrasse

Terrassen

Erdgeschossige Terrassenflächen bzw. Terrassenböden können sich in den Sommermonaten sehr aufheizen. Zwar bilden sie keine geschlossene Einheit wie Balkone. Wenn sie aber zwischen engen und hohen Häuserzeilen liegen und die Sonne südseitig stark einwirken kann, wird die Wärme auch dort gespeichert und kann nicht abfließen.

Bei Erdgeschossterrassen muss man unterscheiden, ob sie sich unterhalb eines Balkons befinden oder frei und ohne Überdachung am Haus. Bei Mehrfamilienhäusern sorgen die enge Bebauung, Sichtschutz zum Nachbarn und ein Balkon über der Terrasse oft für einen Wärmestau. Ist die Terrasse nach Süden ausgerichtet wird es dort schnell unerträglich. Auf Terrassen, die sich frei am Haus befinden, kann die Luft meistens besser zirkulieren, aber ohne zusätzlichen Sonnenschutz wird es im Sommer auch dort zu heiß.

Diese Balkone schreien förmlich nach Begrünung.

Chancen und Probleme für Menschen, Pflanzen und den eigenen Anbau

Es gibt viele Möglichkeiten, das Klima in der Stadt zu verbessern. Durch die Anlage von Grünflächen und Parkanlagen, die Pflanzung von Straßenbäumen, Innenhof-, Dach- und Fassadenbegrünungen verändert sich jedes Stadtklima positiv, die Luftqualität verbessert sich, und Wärme wird reduziert.

Fachkundige Beratungen für den Erhalt und die Förderung der biologischen Artenvielfalt und Biodiversität vor allem zu klimaangepassten Pflanzen, Gehölzen und Bäumen könnten für den Neubau von Industrie-, Gewerbebauten und für Privathaushalte sinnvoll sein.

Rooftop Gardening oder schon Urban Farming?

Einige Grünflächen sollten, wie das bereits in manchen städtischen Parks zu sehen ist, extensiv gepflegt werden. Das zwei- bis dreimal jährliche Mähen mit Sense oder Balkenmäher im Gegensatz zu dem am häufigsten zum Einsatz kommenden Mulchmähen fördert den Erhalt wichtiger Lebensräume für Insekten. An weniger exponierten Flächen wird sogar eine Mahd nur alle zwei Jahre empfohlen.

Dachbegrünung zur Klimaregulierung

Es gibt ein riesiges, bisher kaum genutztes Potenzial für Dachbegrünung in Städten: die Flachdächer von Hochhäusern. Diese Fläche beträgt in Deutschland sage und schreibe 1,2 Milliarden m², das sind 120.000 Hektar! Darauf ließen sich u. a. folgende Nutzungen zielgerichtet planen und umsetzen:

- Dachbegrünung mit trockenheitsresistenten Pflanzen
- Regenwasserauffangeinrichtungen, um Gießwasser für die Dachgärten zu gewinnen
- Dachgärten für Gemeinschaftsgärten
  Urban Gardening in Kisten und Hochbeeten für den Anbau von Obst und Gemüse
- »Supermarkt auf dem Dach« nach dem Vorbild der belgischen Supermarktkette Delhaize, die bereits 2017 in ihrer Filiale einen Dachgarten mit Gewächshaus eröffnet hat. Das am frühen Morgen geerntete Gemüse und Obst vom Dachgarten steht frisch zum Verkauf bereit.
- Urban Farming wie auf den Pariser Dachgärten – auch mit Kleintier- und Bienenhaltung.

Die Vielfachnutzung von begrünten Flachdächern verbessert das Klima, führt zu einer höheren Verdunstung und Luftreinigung. Zudem kann das Kanalsystem bei Starkregen entlastet und Überschwemmungen verhindert werden.

Dachgärten waren schon im Altertum en vogue.

Flachdächer sind übrigens keine Erfindung der Neuzeit. Bereits mehr als 3.000 Jahre v. Chr. wurden diese nach Herodots Beschreibung angelegt. Entsprechend den klimatischen Bedingungen, finden wir bis heute in vielen südlichen Ländern Europas, Afrikas, Südamerikas und in Indien Flachdächer. Diese werden als Dachgarten und erweiterter Wohnraum genutzt. Auch Gärten in Innenhöfen entstanden in arabischen Ländern. Die zu den sieben Weltwundern zählenden »Hängenden Gärten der Semiramis« entstanden bereits im 6. Jahrhundert v. Chr.

Möglich wurden diese Bauten, da der Baustoff Bitumen zu dieser Zeit bereits bekannt war. Damit konnten Flachdächer abgedichtet werden. Die lange Tradition der Gartenkulturen schon in der Antike wurde in der Renaissance in Italien zur Blüte gebracht. Flachdächer wurden in der Moderne mit dem Bauhausstil und nach 1945 mit dem Bau von Bungalows hochaktuell.

Gartenpflanzen haben gegenüber Pflanzen in Kübeln und Töpfen den Vorteil, mehr Erde und Feuchtigkeit über die Wurzeln aufnehmen und speichern zu können.

Balkonpflanzen fehlt diese große Menge an kühlender Erde im Wurzelbereich. Sie sind dadurch stärker der prallen Sonne ausgeliefert. Häufig sind die Gefäße, in denen sie angepflanzt werden, auch viel zu klein.

Mediterrane Pflanzen wie Lavendel, Rosmarin und Olive vertragen Sonne und Wärme.

Umso bedeutender wird im Klimawandel die Qualität der Erde. Je humusreicher sie ist, umso mehr Wasser und Nährstoffe kann sie auch in Kästen und Kübeln speichern.

Wassersparende Anbaumethoden, wasserspeichernde Pflanzgefäße und eine automatische Bewässerung ohne Strom können auf dem Balkon, besonders in der Urlaubszeit, sehr hilfreich sein.

Die veränderten klimatischen Bedingungen bringen nicht nur Probleme mit sich. Aufgrund der ganzjährig höheren Temperaturen haben wir die Chance, Pflanzen anzubauen, die bisher mit kaltem und nassem Klima zu kämpfen hatten.

Vor allem mediterrane Pflanzen sind an hohe Temperaturen gewöhnt. Dazu zählen beliebte Küchenkräuter wie Thymian, Oregano, Rosmarin, Basilikum, Bohnenkraut, Lavendel und Salbei. Diese Kräuter gehören zur Familie der Lippenblütler und kommen erfahrungsgemäß mit mageren Böden und wenig Wasser gut zurecht.

Einige Gartenstauden wie der Wollziest (Stachys byzantina) bringen mit ihrem weiß-silbrigen, filzigen Belag den Sonnenschutz bereits mit. Alle Pflanzen mit haarigen, filzigen oder silbrigen Blättern sind trockenheitsverträglich.

Problemlos können auch Sukkulenten und verschiedene Sedumarten wie Mauerpfeffer, Fetthenne und Hauswurze trockene und heiße Perioden überstehen.

Obstarten wie Feigen oder Weintrauben, die bisher nur in südlichen Ländern bekannt waren, können nun mit etwas Winterschutz auch auf Balkonen und Terrassen überleben.

Ein positiver Effekt der Klimaerwärmung ist die Verlängerung der Anbauzeiten. Im geschützten Bereich von Balkonen können oft sogar ganzjährig Gemüse und Kräuter angebaut werden. Da nach trockenen heißen Jahren aber auch wieder sehr kühle und regnerische Jahre mit Spätfrösten auftreten können, müssen wir solche Ereignisse entsprechend mit einplanen. Der Balkon hat den Vorteil, dass nur eine kleine Anzahl von Pflanzen geschützt werden muss. Einzelne Gefäße können bei frostigen Temperaturen in die Wohnung geräumt oder schnell mit einem Kälteschutzvlies abgedeckt werden.

Sukkulenz als Anpassung an Trockenheit

Klimawandel und Artenvielfalt

Was sich für unseren Anbau als Vorteil zeigen kann, hat für die Pflanzen- und Tierwelt erhebliche Auswirkungen. Seit mehreren Jahrzehnten setzt die Blütezeit unserer heimischen Pflanzen- und Baumarten bis zu einem Monat früher ein. Im Jahr 2022 begann beispielsweise die Haselblüte bereits Anfang Januar. In früheren Jahren startete sie erst im Februar und gilt laut phänologischem Kalender als der Beginn des Vorfrühlings. Der Deutsche Wetterdienst (DWD) sammelt alljährlich bundesweit Daten über den Blühbeginn von Obstbäumen, Sträuchern und anderen Pflanzen und trägt sie in die »phänologische Uhr« ein. Vegetationszeiten wie Blüte, Fruchtreifung, Blattverfärbung bis hin zum Blattfall haben sich gravierend verändert.

Auch an der Universität Cambridge wurden phänologische Beobachtungen erstellt, die belegen, dass der »durchschnittliche Blühbeginn im Zeitraum 1987 bis 2019 einen Monat früher lag als in den Jahren zwischen 1753 und 1986«. Diese Ergebnisse zeigen ein Problem auf: Da Pflanzen, Insekten und andere Tierarten aufeinander angewiesen sind, entstehen durch den frühzeitigen Blühbeginn Lücken in der Bestäubung.

Das bedeutet, dass zur Flugzeit der unterschiedlichen Insektenarten nicht mehr zeitgleich die Pflanzenarten blühen, an die sie im Laufe der Evolution angepasst sind. Einige Wildbienenarten sind auf nur eine Pflanzenart, z. B. die Glockenblume, spezialisiert. Stehen diese nicht mehr ausreichend zur Verfügung, stirbt diese Bienenart aus.

In der Natur hängt alles mit allem zusammen. Verändern sich Blühzeiten erheblich und um Wochen, fehlen die Insekten als Bestäuber. Die Pflanzen können keinen Samen ausbilden, und den spät schlüpfenden Insekten fehlen Blütenpollen und Nektar zu ihrer Versorgung. Sterben die Insekten, fehlt den Vögeln ihr Futter. Diese Ungleichzeitigkeit kann zum Zusammenbruch von Populationen führen.

Der Klimawandel hat seine eigenen Gesetze, nach denen wir unser Verhalten ausrichten müssen. Die sich daraus ergebenden Probleme betreffen vor allem das Aussterben heimischer Arten. Die Krefelder Studie verzeichnete 2017 den Verlust von nahezu 80 Prozent der heimischen Insektenpopulationen. Fehlen die Insekten, ist die Bestäubung von ca. 80 Prozent aller Pflanzenarten gefährdet. Damit ist auch unsere Ernährung gefährdet, und es fehlen darüber hinaus die Nahrungsgrundlagen für viele Wildtiere und Vögel. Neben dem Klimawandel stellen der Verlust von Lebensraum und die intensive Landwirtschaft eine Bedrohung für die heimischen Pflanzen- und Insektenarten dar.

Die phänologischen Jahreszeiten haben sich bereits verschoben.

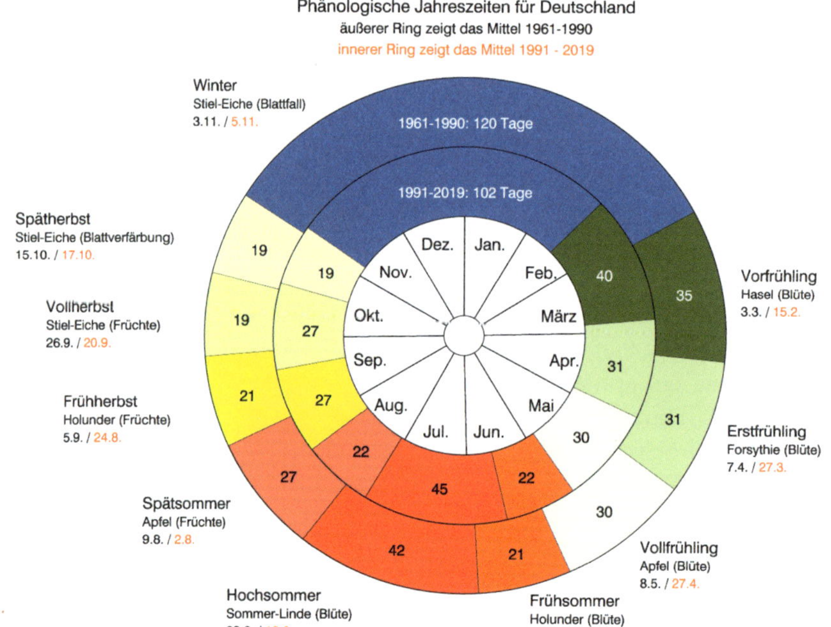

Auf Balkon oder Terrasse kann man zwar nicht die Welt retten, aber doch sehr viel zum Natur- und Umweltschutz beitragen, indem man durch den Anbau heimischer Wildblumen auch den zugehörigen heimischen Insekten und Wildtieren ein Nahrungsangebot macht. Mit der Glockenblume wird sich die Glockenblumenscherenbiene einfinden, und der Stieglitz findet die Samen der Nachtkerze und der Wilden Karde verlockend. Mit entsprechenden Nisthilfen für Wildbienen und Vögel wird das Naturerlebnis aus nächster Nähe beobachtbar.

Verlust von Biodiversität

»Biodiversität bedeutet ›biologische Vielfalt‹, die Variabilität unter lebenden Organismen jeglicher Herkunft, darunter unter anderem Land-, Meeres- und sonstige aquatische Ökosysteme und die ökologischen Komplexe, zu denen sie gehören; dies umfasst die Vielfalt innerhalb der Arten und zwischen den Arten und die Vielfalt der Ökosysteme.« (Convention on Biological Diversity, CBD)

Mit dem »Global Assessment Report« erschien 2019 ein Bericht über den besorgniserregenden Zustand der Biodiversität. Die industriell betriebene Landwirtschaft ist einer der einflussreichsten Faktoren für den Artenrückgang an Land, bis zu 70 Prozent sollen allein auf sie zurückgehen.

Weltweit gibt es von den bisher untersuchten Pflanzenarten 30.000 essbare Pflanzen. Die Nahrungsmittelproduktion hat sich auf gerade einmal 30 Arten reduziert und spezialisiert. Die genetische Vielfalt dieser wenigen ausgewählten Gemüse- und Getreidearten ist hochriskant. Nur eine größtmögliche Artenvielfalt bei Pflanzen (Kultur- und Wildpflanzen) und Tieren kann vor Krankheiten oder Pilzbefall bewahren. Der Verlust der Artenvielfalt bei Insekten dürfte für notwendige Bestäubungsleistungen ebenfalls problematisch werden.

Rückgang von Insektenarten im Jahr 2019

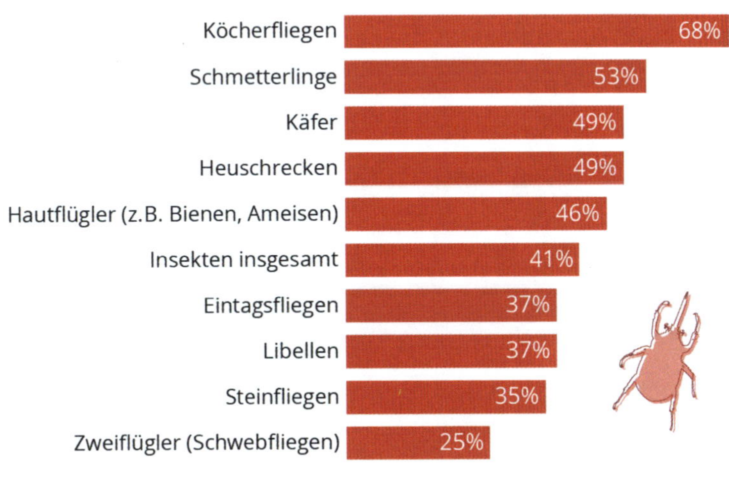

Kapitel 1
Pflanzenwissen Klimagewinner und -verlierer

Gerade auf Balkon und Terrasse werden es einige lieb gewonnene Arten künftig schwer haben, vor allem bei Exposition nach Süden. Doch es gibt genug Pflanzen, die mit den neuen Klimabedingungen gut zurechtkommen. Wer auf hitzeverträgliche und trockenheitstolerante Arten setzt, wird nach wie vor viel Freude haben.

Carl von Linné

In der Botanik sind alle Pflanzen in Familien eingeteilt und mit lateinischen Namen bezeichnet. Carl von Linné ist der bekannteste Wissenschaftler, der die meisten Pflanzen genau beschrieben und unterschiedlichen Familien zugeordnet hat. Bekannt sind mehr als 500.000 verschiedene Pflanzenarten, die über 60 Pflanzenfamilien zugeteilt sind. Was sie eint, sind typische Familienmerkmale wie ähnliche Blattformen, Blütenformen, Fruchtformen, Wuchsformen, die Art der Vermehrung und ähnliche Inhaltsstoffe.

Die Nutzpflanzen für den Anbau von Obst, Gemüse und Kräutern sind nur in wenigen Pflanzenfamilien zu finden. Da Gemüsearten aus derselben Familie nicht in Mischkultur oder als Fruchtfolge zusammen angebaut werden sollten, ist die Kenntnis der Pflanzenfamilien von Vorteil.

Beispiele von Pflanzenfamilien wichtiger Gemüse- und Kräuterarten

Doldenblütler	Möhre, Pastinake, Kümmel, Fenchel, Dill, Petersilie
Gänsefußgewächse	Spinat, Mangold, Gartenmelde, Rote Beete
Korbblütler	Schwarzwurzel, Endivie, Kopfsalat, Pflücksalat, Schnittsalat, Artischocke, Chicorée
Kreuzblütler	alle Kohlsorten, Kohlrübe, Markstammkohl, Stielmus, Speiserübe, Radieschen, Rettich, Rucola
Lippenblütler	Thymian, Majoran, Bohnenkraut, Salbei, Basilikum
Hülsenfrüchtler (Schmetterlingsblütler)	Erbse, Bohne
Nachtschattengewächse	Tomate, Kartoffel, Aubergine, Paprika, Chili
Alliumgewächse	Zwiebeln, Schnittlauch, Knoblauch, Porree, Bärlauch
Kürbisgewächse	Gurke, Zucchini, Kürbis, Melone

INFO

Im Anhang finden Sie einen **großen Überblick** über Pflanzen(-Familien) und ihre wesentlichen Eigenschaften (siehe Seiten 164ff.).

Die bunte Vielfalt der Rosengewächse

Nicht nur alle Rosen, vor allem viele Obst- und Beerenarten zählen zu dieser Familie. Neben Wildpflanzen (Frauenmantel) und Wildkräutern (Gänsefingerkraut, Echte Nelkenwurz, Pimpinelle) gehören zu den Rosengewächsen vor allem viele Gehölze und Bäume, entsprechend divers ist ihr Erscheinungsbild von der kleinen Erdbeere bis zum großen Apfelbaum.

Die Blütenfarben sind meist weiß, rosa/pink, selten gelb, Obstgehölze und Beeren weisen immer fünf Blütenblätter auf, bei Wildpflanzen finden sich häufig kleine Nebenblättchen am Stiel, z. B. bei der Nelkenwurz. Es gibt aber auch Rosengewächse, die traubige oder rispige Blütenstände aufweisen, z. B. das Mädesüß.

Sehr unterschiedlich sind ihre Samenanlagen, worauf bei den Obstgehölzen die Differenzierung in Kernobst (Apfel, Birne) und Steinobst (Kirsche, Zwetschge, Pfirsich) basiert. So weist der Waldgeißbart (Aruncus dioicus) Balgfrüchte auf, das Mädesüß (Filipendula ulmaria) Nussfrüchtchen; Walderdbeere (Fragaria vesca) und Hundsrose (Rosa canina) verfügen über Sammelnussfrüchte, Himbeeren (Rubus idaeus) über Sammelsteinfrüchte.

Wilde Schönheit Hundsrose

Die richtige Pflanzenwahl: robust, hitzeverträglich, trockenheitstolerant

Die gravierenden Veränderungen der Wetterverhältnisse im Sommer sind eine Herausforderung für das Gärtnern auf dem Balkon. Jedes Gartenjahr stellt uns vor neue Herausforderungen. Wird der Sommer trocken und heiß oder kühl und nass?

Unsere Kulturpflanzen sind mitunter wie Mimosen und reagieren auf starke Witterungsschwankungen mit Krankheiten wie dem Echten oder Falschen Mehltau, oder sie vertrocknen. Salate bilden keine Köpfe und blühen vorzeitig, Knollengemüse bleibt viel zu klein oder bildet gar keine Knollen aus. Da wir im Frühjahr beim Säen oder Pflanzen noch nicht wissen, wie sich das Jahr entwickeln wird, benötigen wir – unabhängig vom Wetter – starke, gesunde, hitze- oder trockenheitsverträgliche Pflanzen.

Mediterrane Pflanzen und Kräuter sind schon immer an sehr warme Temperaturen angepasst, ebenso die Wildpflanzen, die im Laufe der Evolution ihre Blattgrößen reduziert haben und sich mit Wachsschichten oder Haaren gegen starke Strahlung und Hitze schützen. Auch Wärme liebende Obstarten wie Feigen und Aprikosen gedeihen bei uns mittlerweile sehr gut.

Gute Aussichten für C4-Pflanzen?

Die klimatischen Bedingungen auf der Erde haben sich schon immer verändert. Evolutionär haben sich über Jahrmillionen zwei verschiedene Pflanzentypen entwickelt, die mit Hitze und Trockenheit und dem sich verändernden CO_2-Gehalt der Luft verschieden umgingen bzw. sich anpassten. Die Rede ist von den sogenannten C3- und C4-Pflanzen. Ihre Namen leiten sich vom ersten Fixierungsprodukt ab, welches im Zuge der Assimilation von Kohlenstoffdioxid entsteht. Bei C3-Pflanzen ist dies eine Verbindung mit drei C-Atomen, bei C4-Pflanzen eine mit vier.

Die meisten Pflanzen in den mittleren und hohen Breiten gehören zu den C3-Pflanzen, v. a. viele Nutzpflanzen wie Weizen, Roggen, Gerste, Hafer, Kartoffel, Sojabohne oder Reis sowie alle Baumarten. Bei zunehmender Hitze und/oder Trockenheit haben C4-Pflanzen jedoch Vorteile, weil sie auch bei geschlossenen Stomata Photosynthese betreiben können und oft weniger Wasser brauchen. C4-Nutzpflanzen wie Mais, Zuckerrohr, Amaranth und Hirse stammen entsprechend aus den Subtropen und Tropen.

Dieses Kapitel gibt eine Übersicht zu den empfehlenswerten, klimaangepassten Gemüse-, Obst- und Kräuterarten, die auf Balkon und Terrasse angebaut werden können. Sie sind den verschiedenen Pflanzenfamilien zugeordnet. Unter den Gemüsen sind v. a. solche interessant, die eher kurze Wachstumszeiten aufweisen, Tiefwurzler wie Gelbe Rüben, Pastinaken, Knollensellerie eignen sich nur für Hochbeete und tiefe Gefäße.

Trotz des Aspekts »Hitzeverträglichkeit« darf man natürlich nicht vergessen, dass ohne Wasser kein Gemüseanbau möglich ist. Das gilt ganz besonders für den Anbau in Kübeln und Hochbeeten.

Wasserbedarf – zunehmend wichtig

Werden Trockenzeiten noch intensiver, wird das Thema Wasser auch im »immerfeuchten« Klima Deutschlands zum Argument für die Pflanzenwahl. Unter den Gartenbohnen (Phaseolus vulgaris) ist die Wuchsform der Buschbohne für den Anbau interessanter als die der Stangenbohne, da sie einen geringeren Wasserbedarf hat. Weitere Hülsenfrüchtler wie Linsen, Augenbohne (Vigna unguiculata), Erbsen, Kichererbsen kommen mit Hitze und Trockenheit bestens zurecht, nur die Zuckererbsen brauchen etwas mehr Wasser.

Rote Bete, Knoblauch, Zwiebel sind sparsam beim Wasserverbrauch und vertragen Hitze sehr gut; Auberginen haben einen höheren Wasserbedarf als Mangold, Topinambur, Rucola.

Viele Gemüsearten mit relativ langer Vegetationszeit wie Kürbis oder Paprika benötigen, kurz bevor sie geerntet werden, nur noch wenig Wasser. Dagegen überleben kurz laufende Kulturen wie Salate, Kohlrabi, Radieschen ohne ständiges Gießen nicht bzw. werden Kohlrabi und Radieschen holzig und ungenießbar.

Blattgemüse wie Salat, Rucola, Spinat, Radieschen, Kohlrabi, Gurken vertragen keine Trockenheit; Feldsalat kann nahezu ganzjährig als Unterkultur, z. B. von Obstbäumchen oder Rosen, gesät werden. Wenn um alle Pflanzen gemulcht wird, ersparen wir uns viel Gießwasser.

Viele Hülsenfrüchte stammen aus warm-trockenen Regionen und kommen mit wenig Wasser aus.

Nachtschattengewächse

Einige Nachtschattengewächse sind für den Klimawandel bestens geeignet. Besonders im geschützten Bereich von Balkon und Terrasse können in ähnlicher Form wie im Gewächshaus **Tomaten** (Solanum lycopersicum) regengeschützt und warm stehen. In regenreichen Sommern wie im Jahr 2021 waren Balkongärten klare Sieger bei der Tomatenernte, da es keine Ausfälle durch die gefürchtete Kraut- und Braunfäule gab. Besonders spannend sind die unzähligen verschiedenen Tomatensorten, die eine bunte Vielfalt auf den Balkon bringen. Auf Pflanzentauschbörsen, bei Biosaatguthändlern oder per Social Media findet inzwischen so ein riesiger Austausch an Saatgut statt, dass es geradezu langweilig ist, eine Tomatenpflanze im Gartencenter zu kaufen.

Groß ist auch die Vielfalt der **Chilisorten** (Capsicum). Die Wärme liebenden Pflanzen benötigen nicht viel Platz und wachsen eher in die

Aubergine und Süßkartoffel sind Klimawandelgewinner.

Höhe. Bei guter Überwinterung ist sogar eine zweijährige Kultivierung möglich. Chili gibt es in verschiedenen Schärfegraden und mit den unterschiedlichsten Früchten. Die Aussaat kann bereits ab Januar beginnen.

Auberginen (Solanum melanga), die bisher nur in südlichen Ländern angebaut wurden, reifen jetzt auch in unseren Breiten, vorausgesetzt, sie werden ausreichend mit Wasser versorgt. Die Anzucht von Jungpflanzen muss durch die lange Anbauzeit bereits ab Januar/ Februar erfolgen. Gut geeignet sind vor allem die kleinfruchtigen Sorten.

Mit **Kartoffeln** (Solanum tuberosum) kann man zwar keine große Ernte auf dem Balkon erzielen, aber es macht Spaß, die Knollen in einem Pflanzsack oder im Kartoffelturm beim Wachsen zu beobachten. Kinder kann man begeistern, wenn sie selber miterleben dürfen, wie aus nur einer Knolle ganz viele werden.

Süßkartoffeln (Ipomoea batatas) werden gerne für Rezepte der vegetarischen Küche verwendet. Inzwischen findet man sie in jedem Supermarkt. Noch nicht so bekannt ist, dass man sie auch bei uns anbauen kann. Die Wärme liebende Süßkartoffel aus den Tropen wird eine hübsche Kletterpflanze und eignet sich daher sehr gut für den Balkon. Nach Vorkultur im Haus kann sie ab Mitte Ende Mai an die frische Luft und im Herbst geerntet werden.

Schmuck für jeden Balkon: die Blüten von Kartoffel und Tomate

VORSICHT

Alle Nachtschattengewächse enthalten **Alkaloide** unterschiedlicher Art und Menge, die häufig giftig sind. Die enthaltenen natürlichen **Gifte** schützen die Pflanzen vor Fraßfeinden und Krankheitserregern. Viele Gemüsearten der Nachtschattengewächse wie Auberginen und grüne Tomaten sind in rohem Zustand giftig. Grüne Stellen an Kartoffeln weisen auf den Giftstoff **Solanin** hin und sollten vor dem Kochen unbedingt entfernt werden

Lippenblütler

Als trockenheitsverträglich und balkontauglich gelten vor allem die Lippenblütler, zu denen die meisten **mediterranen Kräuter** gehören. Rosmarin, Oregano, Lavendel und Ysop passen auch in kleinere Töpfe und machen bei Wassermangel nicht gleich schlapp.

Thymian und Berg-Bohnenkraut sehen durch ihren leicht überhängenden Wuchs gut am Rand von Kübeln und Kästen aus. Sie benötigen wenig Wasser und überstehen auch trockenere Zeiten problemlos.

Teepflanzen, wie der Salbei oder der Griechische Bergtee, vertragen Hitze gut und benötigen nur im Winter bei starkem Frost einen Schutz. Zitronenmelisse ist sehr robust, wird mit der Zeit aber eine üppige Pflanze, die daher gerne alleine im Topf steht. Wird sie regelmäßig geerntet, kann man den Wuchs am besten kontrollieren.

Der Balkonkasten oder Kübel eignet sich hervorragend für das sonnenhungrige Basilikum, speziell für das üppig blühende Strauchbasilikum, das gleichzeitig viele Insekten anlockt. Alle Lippenblütler sind insektenfreundliche Pflanzen, wenn man sie blühen lässt.

Auch das Strauchbasilikum bildet hübsche Blüten.

Doldenblütler

Unter den Doldenblütlern finden wir bekannte und beliebte **Wurzelgemüse**, die im Garten als Gewinner des Klimawandels gelten. In ausreichend großen Kübeln oder im Hochbeet fühlen sich Möhren, Wurzelpetersilie und Pastinaken aber auch auf dem Balkon wohl. Das tiefwurzelnde Gemüse kommt mit Trockenheit ziemlich gut zurecht. Pastinaken und Wurzelpetersilie können mit etwas Schutz bis in den Winter hinein geerntet werden. Auch das Grün bereichert Suppen und Salate mit Vitaminen.

Bei den Doldenblütlern gibt es allerdings auch empfindliche Kräuter, wie Petersilie, Dill und Koriander. Petersilie gehört zu unseren beliebtesten Küchenkräutern, die lieber einen halbschattigen Platz und ausreichend Feuchtigkeit bevorzugen. Für sonnige, trockene Standorte eignet sie sich gar nicht. Dill ist eine richtige Mimose und keimt auch sehr schlecht, wenn das Substrat nicht passt.

TIPP

Lässt man Doldenblütler im zweiten Jahr zur Blüte kommen, werden sich viele **Insekten** einfinden. Streifenwanzen mögen beispielsweise den Sellerie zum Fressen gerne, und Schwebfliegen besuchen gerne die blühende Petersilie. Falls ein Kräutertopf aus dem Supermarkt bereits abgeerntet ist, lohnt es sich, ihn in den Balkonkasten zu pflanzen. Er ist viel zu schade für die Biotonne oder den Kompost.

Hülsenfrüchtler

In ausreichend tiefen und großen Kübeln können tiefwurzelnde Gemüsearten wie Buschbohnen gesät werden. Sie benötigen weniger Wasser als Stangenbohnen. Trotzdem sind gerade Stangenbohnen durch den geringen Platzbedarf und die Möglichkeit der Beschattung des Balkons bei guter Wasserversorgung sehr gut geeignet. In der Blühphase benötigen **Bohnen** immer ausreichend Wasser, da sie sonst die Blüten abwerfen. Auch Erbsen und Kichererbsen kommen mit Hitze und Trockenheit bestens zurecht.

Bohnen wachsen gerne an Balkongeländern empor.

TIPP

Für den Anbau auf Balkon und Terrasse können die Vorteile der **Mischkultur** aus verschiedenen Pflanzenfamilien genauso genutzt werden wie im Garten. Besonders im Hochbeet entsteht oft ein Mix aus vielen verschiedenen Gemüse- und Kräuterarten. Hülsenfrüchtler wie Erbsen und Bohnen sind **Stickstoffsammler** und reichern den Boden mit pflanzenverfügbarem Nitrat an. Das erhöht die Bodenfruchtbarkeit, und die Nachbarpflanzen können davon profitieren.

Kreuzblütler

Unser beliebtes **Kohlgemüse** gehört zu den Kreuzblütlern. Obwohl die meisten Kohlsorten eine sehr lange Anbauzeit mit hohem Platzbedarf haben und sich daher weniger für Balkon und Terrasse eignen, kann man es mit einzelnen Kohlsorten trotzdem einmal versuchen. Brokkoli und Palmkohl können bei ausreichender Wasserversorgung mehrfach geerntet werden und sind auch optisch eine Bereicherung. In großen Hochbeeten mit mehr Platz kann man einzelne Pflanzen der hochwachsenden Kohlsorten wie Rosenkohl oder Lauch (Alliumgewächs) als Wintergemüse ausprobieren.

Sehr gut eignet sich der Anbau von Salatrauke (Rucola) für Balkonkästen. Die Wilde Rauke ist sogar mehrjährig und absolut winterhart. Sie hat einen deutlich intensiveren Geschmack als die einjährige Rauke und lässt sich leicht in Balkonkästen säen. Nach 4 bis 6 Wochen kann schon geerntet werden.

Radieschen lassen sich sehr einfach im Balkonkasten oder Hochbeet heranziehen. Vor allem die zeitigen Sorten versprechen bei ausreichender Wassergabe schnellen Erfolg und haben eine kurze Anbauzeit. Kohlrabi vertragen Hitze nicht sehr gut und werden bei Trockenheit schnell holzig. Hier eignet sich ein später Anbau ab Ende August auch sehr gut.

Kohl gerne mal im Hochbeet ausprobieren.

Mangold gibt es in gelb, orange oder rot.

Gänsefußgewächse

In der Familie der Gänsefußgewächse findet man sehr schmackhaftes und vor allem auch dekoratives Gemüse, das gut für Balkon und Terrasse geeignet ist. **Mangold** gibt es mit bunten oder rötlichen Stielen in verschiedensten Sorten. Er kann im Winter stehen bleiben, wenn er mit Vlies gegen Minusgrade geschützt wird.

Knollengemüse wie die **Rote Bete** gibt es in unterschiedlichen Farben, auch als Gelbe und Weiße Bete. Sie nehmen nicht viel Platz weg und haben eine ca. viermonatige Anbauzeit. Während früher überwiegend die Aussaat bis spätestens Anfang April empfohlen wurde, setzt man jetzt auf die Anbauzeit bis in den Herbst. Ausgesät werden kann dafür noch im Juni. Das robuste Gemüse wächst in den kälteren Monaten besser.

In Kästen und Hochbeeten, die im Herbst schon abgeerntet oder mit einjährigen Sommerblumen bepflanzt waren, kann ab dem Spätsommer Spinat gesät werden.

Korbblütler

Zu den Korbblütlern zählen vor allem **Salate** wie Kopf-, Eis- und Schnittsalat, Endivien, Chicorée, Zuckerhut oder Radiccio. Die Vielfalt

Salate – bei hohen Wassergaben perfekt für jeden Balkonkasten

an unterschiedlichen Salatsorten ist ziemlich groß. Salate bevorzugen halbschattige Standorte und benötigen hohe Wassergaben. Alle Salate, auch Asia- und Pflücksalate sind schnell reif.

Nutzen Sie vor allem das Frühjahr und den Herbst für kühlere Temperaturen geeignetes Saatgut, um erfolgreich Salate anzubauen. Bei der Aussaat sind kühle Temperaturen sogar Voraussetzung. Kaufen sie möglichst keine Pflanzen im Baumarkt oder Gartencenter. Oft stehen Sie dort schon wochenlang in den viel zu engen Presstöpfchen und sind bereits vor der Pflanzung geschwächt.

Alliumgewächse

Zwiebeln, Schnittlauch, Knoblauch, Schnittknoblauch und Porree können Sie gut auf dem Balkon anbauen. Knoblauch wächst gut an sonnigen und warmen Standorten und braucht nicht viel Platz. Er wird als biologischer Pflanzenschutz zwischen andere Pflanzen gesetzt. Wer die geruchsintensiven Knollen nicht mag, kann das Knoblauchgrün für Salate verwenden.

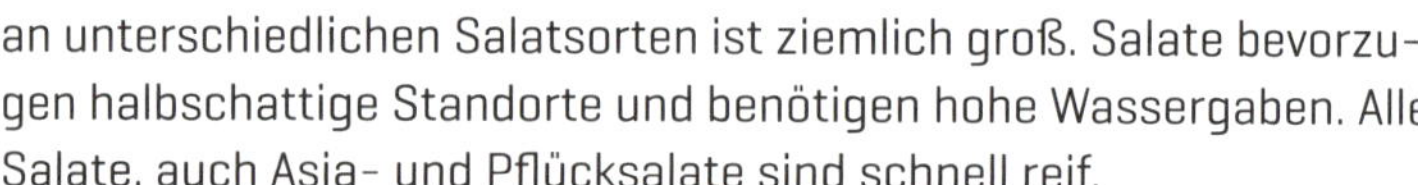

TIPP

Schnittknoblauch

Der **Schnittknoblauch** (Allium tuberosum) ist mehrjährig und winterfest und kann an sonnigen bis halbschattigen Standorten in Töpfen und Blumenkästen angebaut werden. Er ist eine echte Alternative zum Knoblauch, da man nach seinem Genuss nicht den typischen Knoblauchgeruch verströmt.

Möchten Sie die Pflanzen ganzjährig ernten, benötigen Sie zum Überwintern einen hellen Standort mit Lufttemperaturen von 12 bis 18 Grad Celsius. Im Freien sterben die oberirdischen Pflanzenteile im Winter vollständig ab, treiben im Frühjahr aber sehr zeitig – etwa ab Februar – wieder aus. Das Substrat sollte gut feucht gehalten werden.

Kürbisgewächse

Für den Anbau auf kleinsten Flächen sind Kürbisse, egal welcher Art, meistens ungeeignet. Sie bilden so lange Ranken, dass man selbst im Garten oft kaum Platz dafür findet. Zu den Kürbisgewächsen gehören aber auch die Zucchini. Sie sind Sonnenkinder und benötigen viel Wasser. Pro Zucchinipflanze sollte man ca. 1 Quadratmeter Platz zur Verfügung haben bzw. einen sehr großen Kübel oder ein Hochbeet.

Gurken können am Ost-, Süd- und Westbalkon angebaut werden, benötigen neben einem Sonnenschutz aber viel Wasser. Falls Sie über einen halbschattigen Standort auf einem Süd- oder Westbalkon verfügen, ist der Anbau mit entsprechend viel Gießaufwand möglich. Vor allem die kleinen Snackgurken sind gut als Kübelpflanzen geeignet.

TIPP

Die aus Südamerika stammende **Mexikanische Minigurke** (Melothria scabra) gehört zu den Kürbisgewächsen. Sie kann durch die Speicherwurzeln selbst bei Trockenheit noch Wasser liefern. Das macht die kleinen, melonenartigen Früchte zum idealen, klimatoleranten Balkongemüse. Besonders **Kinder** lieben die Minifrüchte und können leicht dafür begeistert werden, ihr eigenes Gemüse anzubauen und zu ernten. Saatgut ist vor allem bei Biosaatgutfirmen erhältlich. Als rankende Kletterpflanze braucht sie nicht viel Platz und kann an einem Rankgitter oder an Haselnussruten gut wachsen.

Mexikanische Minigurke

Obst für Balkon und Terrasse

Auch wenn auf Balkon und Terrasse nur wenig Platz zur Verfügung steht, muss man auf den Genuss von frischen Beeren und Obst nicht verzichten. Die Baumschulen haben sich inzwischen auch auf Obstbäume für kleine Gärten und den Anbau von geeigneten Arten für Kübel spezialisiert. Viele herkömmlichen Obstarten sind als Zwerg- oder Säulenobst verfügbar und bereichern den Balkon mit delikaten Früchten.

Achten Sie beim Kauf auf kompakt wachsende Balkon-Obstarten, damit Sie lange Freude an den Bäumen haben. Besonders die Wärme liebenden Zwergobstarten wie Aprikosen- und Mandelbäumchen können gut auf Südbalkonen wachsen. Sie werden nur einen Meter hoch und bestechen im Frühjahr mit wunderschönen Blüten. Damit bieten Sie auch den Insekten ein reichhaltiges Nahrungsangebot an Pollen und Nektar.

Es gibt selbstfruchtbare Sorten; Sie sollten aber alte Sorten bevorzugen.

Säulenobst eignet sich sowohl für kleine Balkone wie für Terrassen, da es keine Krone und keine Äste ausbildet und schwachwüchsig ist. Je nachdem, ob es ein Birnen- oder Apfelbäumchen ist, sollte für die Birne als Pfahl-/Tiefwurzler ein sehr tiefes Gefäß und für den

Spalierobst funktioniert auch bei wenig Platz.

Apfelbaum als Flachwurzler ein großes Gefäß, das nicht so tief sein muss, zur Verfügung stehen. Für die Terrasse ist ein standfester, großer Kübel zwingend erforderlich, da der Wind eine große Angriffsfläche hat.

Vorteilhaft sind vor allem Spalierobstbäume auf dem Balkon, da sie platzsparend vor einer Wand gezogen werden können. Für mehr Vielfalt auf kleinstem Raum gibt es sogar zwei oder noch mehr Sorten an einem einzigen Baum. Typisches Spalierobst sind Birnen und Äpfel.

TIPP

Starke unmittelbare Sonneneinstrahlung, die direkt auf den Stamm einwirkt, kann bei Bäumen und Gehölzen im Sommer zu **Sonnenbrand** führen. Die dunkle Rinde der Stämme kann bis zu 50 Grad Celsius erreichen. Das Wachstumsgewebe, das unter der Rinde sitzt, kann dabei reißen und absterben. Im Winter besteht die Gefahr von **Frostrissen** im Stamm. Um das zu vermeiden, sollten die Stämme entweder mit einem weißen Tuch umwickelt oder mit einem Kalkanstrich versehen werden, damit die Sonne reflektiert wird.

Ganz unproblematisch lässt sich Beerenobst in Kübeln und Töpfen auf Balkon und Terrasse anbauen. Besonders Kinder lieben es, die kleinen roten Johannisbeeren, Himbeeren und Heidelbeeren direkt vom Strauch zu naschen. Mit mehrfachtragenden Erdbeersorten wird das Geschmackserlebnis des Naschbalkons perfekt.

Ebenfalls unproblematisch ist der Anbau der Schwarzen Apfelbeere (Aronia). Deren Früchte schmecken gekocht als Saft oder Marmelade/Gelee. Aronia sind dafür bekannt, dass sie viele Vitamine, Mineral- und Farbstoffe enthalten, ein starkes Antioxidantium sowie wirksam gegen Gefäß- und Herz-Kreislauf-Erkrankungen sind und zur Krebsvorbeugung dienen. Mit den eigenen biologisch angebauten Beeren können Sie viel Geld sparen, da sie im Handel sehr teuer verkauft werden.

Etwas exotischer ist der Anbau der Goji-Beeren (Lycium chinense), deren Früchte ein besonders hoher Gesundheitswert zugeschrieben wird, vergleichbar mit der Berberitze [Berberidaceae].

Weintrauben und Kiwis sind sehr Wärme liebend und wachsen am besten am Rand einer Terrasse direkt in der Erde. Sie entwickeln aber auch feine, süße Früchte auf Süd- oder Westbalkonen und können Dachterrassen mit hoher Sonneneinstrahlung sehr gut beschatten.

Geld sparen mit eigenen Goji-Beeren.

TIPP

Alle Obst- und Beerensträucher benötigen regelmäßige Wassergaben. Wesentlich robuster sind **Feigen**, die, im Kübel wachsend, mediterranes Flair auf Terrasse oder Balkon bringen. Schützen Sie die Jungpflanzen in den ersten zwei bis drei Jahren vor Frost. Später können die Südländer problemlos in einer geschützten Ecke des Balkons überwintern. Kaufen Sie Ihre Pflanzen am besten bei einer lokalen Obstbaumschule, damit sie schon an das jeweilige Klima angepasst sind. In Gartencentern und Baumärkten erhält man exotisches Obst oft aus holländischen Betrieben, die deutlich milderes Klima haben.

Mediterranes Flair mit Feige

Beerensträucher im Überblick

Stachelbeergewächse (Grossulariaceae)	alle Johannisbeeren, Stachelbeeren, Jostabeeren (Ribes x nidigrolaria) = Kreuzung aus Stachelbeere und Schwarzer Johannisbeere
Nachtschattengewächse	Andenbeere (Physalis) = Kapstachelbeere
Heidekrautgewächse (Ericaceae)	Amerikanische Blaubeere (Vaccinium corymbosum)
Geißblattgewächse (Caprifoliaceae)	Honigbeere (Lonicera kamtschatica) = Blaue Honigbeere = Maibeere
Maulbeergewächse (Moraceae)	Schwarze Maulbeere
Nachtschattengewächse (Solanaceae)	Goji-Beere = Chinesischer / Gemeiner Bocksdorn (Lycium barbarum / chinense)
Kernobstgewächse (Pyrinae)	Schwarze Apfelbeere (Aronia)
Berberitzengewächse (Berberidaceae)	Berberitze
Rosengewächs (Rosaceae)	Taybeere (Rubus fruticosus x idaeus) = Kreuzung aus Himbeeren und Brombeeren; Himbeere (Rubus idaeus), Brombeere (Rubus), Erdbeeren (Fragaria)

Schönes für Bienen

Zier- und Bienenpflanzen, die mit wenig Wasser auskommen und hitzebeständig sind, sind u. a.: Mädchenauge (Coreopsis), Königskerze, Blauraute (Perovskia atriplicifolia), Verbenen, Mohn, Eisenkraut, Lupinen, Steinquendel (Calamintha nepeta), Edeldistel (Eryngium), Lupinen, Steppensalbei (Salvia nemorosa), Löwenmäulchen, Zierlauch, Kornblumen, Patagonisches Eisenkraut (Verbena bonariensis), Schafgarbe, Wollziest (Stachys byzantina), Spornblume (Centhranthus ruber), Brandkraut (Phlomis fruticosa), Prachtkerze (Gaura lindheimeri), Glockenblumen, Perlkörbchen (Anaphalis) Purpursonnenhut (Echinacea), Phlox.

Die Standortwahl entscheidet

Ob die Pflanzen auf Balkon und Terrasse zufriedenstellend wachsen, hängt ganz entscheidend vom passenden Standort ab. Es gibt Pflanzen für sonnige, halbschattige und schattige Bereiche. Zuerst sollten Sie also prüfen, welche Pflanzen für Ihren Standort geeignet sind.

Sonnige Standorte

Scheint die Sonne ca. 6 bis 8 Stunden täglich, dann spricht man von einem vollsonnigen Standort. Die Pflanzen werden hier den ganzen Tag der Sonne ausgesetzt sein und müssen das auch aushalten können. Das trifft überwiegend auf Südbalkone und nach Süden ausgerichtete Terrassen und Dachterrassen zu.

An diesen Standorten herrscht Sonne pur – das ist für manche Pflanzen von Vorteil. Gleichzeitig müssen sie aber im Hochsommer auch vor zu starker Sonneneinstrahlung geschützt werden und benötigen am meisten Wasser, um zu überleben.

Mediterrane Kräuter lieben die vielen Sonnenstunden und entwickeln so den höchsten Anteil an ätherischen Ölen. Sukkulente Pflanzen werden bevorzugt für Dachbegrünungen verwendet, da sie mit der Hitze und Trockenheit gut zurechtkommen.

Wer eine sonnige Dachterrasse bepflanzen kann, hat meist eine größere Anbau- und Gestaltungsfläche zur Verfügung. Gehölze oder Bäume in Kübeln haben oft nicht genügend Wurzelraum, um zum Schattenspender zu werden. Dann sollten gut befestigte Sonnensegel (siehe S. 146) diese Funktion übernehmen. Es gibt auch die Möglichkeit, Schatten spendende und Wind abhaltende Gehölze in Hochbeete zu pflanzen.

Auf einer offenen Dachterrasse spielen Himmelsrichtungen für den Pflanzenanbau nicht dieselbe entscheidende Rolle wie auf Balkonen. Vor allem **Windschutz** kann ein wichtiger Aspekt sein, damit die Pflanzen nicht zusätzlich austrocknen.

Die mediterrane Macchie als Vorbild für den Südbalkon?

Südbalkonliebhaber

Auf einen Südbalkon sollten nur Pflanzen, die die pralle Sonne gut verkraften können, aber davon gibt es viele, wie die nachfolgende Auswahl für Selbstversorger*innen zeigt:

Gemüse:

- Fuchsschwanzgewächse: Bunte Bete, Guter Heinrich, Mangold, Melde, Rote Bete
- Kreuzblütler: Brokkoli, Eiszapfen, Kohlrabi, Pak Choi, Palmkohl, Radieschen, Rosenkohl
- Kürbisgewächse: Gurken, Kürbis, Zucchini
- Lauchgewächse: Knoblauch, Lauch, Lauchzwiebel, Zwiebel
- Nachtschattengewächse: Auberginen, Chili, Kartoffeln, Paprika, Tomaten
- Schmetterlingsblütler: Busch- und Stangenbohnen, Erbsen, Zucker- und Markerbsen

Obstgehölze und Beerensträucher:

Apfel, Aprikose, Birne, Brombeeren, Erdbeeren, Feigen, Heidelbeeren, Himbeeren, Johannisbeeren, Nektarine, Kirsche, Kiwis, Stachelbeeren, Pfirsich, Wein

Küchen- und Wildkräuter:

Anis-Ysop, Basilikum, Beifuß, Brennnessel, Dill, Estragon, Frauenmantel, Gänsefingerkraut, Gewürzfenchel, Giersch, Goldmelisse (Indianernessel), Griechischer Bergtee, Gundermann, Kapuzinerkresse, Kamille, Kerbel, Kümmel, Lavendel, Löwenzahn, Majoran, Melde, Olivenkraut, Oregano, Pelargonien, Petersilie, Rosmarin, Salbei, Schafgarbe, Spitzwegerich, Thymian, Vogelmiere, Zitronenmelisse

Bei Balkonen ist die Exposition ein wichtiger Faktor.

Halbschattige Standorte

Viele Balkone sind nach Osten oder Westen ausgerichtet. An diesen Standorten scheint die Sonne ungefähr 4 bis 6 Stunden täglich. Das ist für die meisten Pflanzen der ideale Standort, da die große Mittagshitze vermieden wird. Auch der Mensch fühlt sich auf diesen Balkonen viel wohler, da hier in der Regel angenehmere Temperaturen herrschen. Einige

Pflanzen, die ursprünglich in die Kategorie sonnig gehörten, können nun klimawandelbedingt im Halbschatten sogar viel besser wachsen.

Auf **Westbalkonen** scheint ab Mittag die Sonne und bleibt bis zum Sonnenuntergang. Ab Mittag ist die Sonnenenergie höher als am Vormittag. Der Westbalkon ist deshalb auch für Wärme liebende Pflanzen bestens geeignet.

Sie sind aber auch ziemlich wetterabhängig, da schlechtes Wetter meist aus Richtung Westen kommt. In regenreichen Sommern kann das ein Problem für Tomatenpflanzen sein, wenn der Balkon nicht regengeschützt ist. Die Pflanzen, die hier wachsen, sollten Wind gut aushalten können und vor Staunässe gut geschützt sein. An heißen Tagen können sich Westbalkone auch sehr aufheizen und benötigen ab Mittag einen Sonnenschutz.

Sofern Ihr Westbalkon nicht durch hohe Bäume verschattet wird, lassen sich alle Gehölze, Beeren-, Obst-, Gemüse- und Blumenarten anbauen.

Je nachdem, wie stark sich unsere Städte aufheizen werden, können v. a. an Ostbalkonen künftig zunehmend Pflanzen gedeihen, die sich bislang nur auf Süd- und Westbalkonen wohlgefühlt haben.

Schattige Standorte

Von einem schattigen Standort spricht man, wenn die Sonne auf dem Balkon weniger als 4 Stunden täglich scheint.

Die Vorteile eines **Nordbalkons** sind nicht zu unterschätzen. In immer heißeren und trockeneren Zeiten schaffen Nordbalkone eine wunderbare Abkühlung. Pflanzen muss man am Nordbalkon viel weniger gießen, da die Verdunstung nicht so hoch ist. Damit ist auch die Bodenversalzung viel geringer, denn Leitungswasser enthält gelöste Salze und Mineralien. Je nach Wärmeentwicklung kann die Ernte an einem hellen Nordbalkon sehr ordentlich sein. In nassen und kalten Jahren müssen Sie sich aber auch auf Enttäuschungen einstellen.

Sehr gut gedeihen auf dem Nordbalkon Salate und (heimische) Kräuter wie Schnittlauch, Petersilie, Pimpinelle, Dill, Kerbel, Kümmel, Estragon, Bärlauch, Kapuzinerkresse, Pfefferminze. Dazu Wildpflanzen wie Brennnessel, Löwenzahn oder Guter Heinrich. Unter den Gemüsen nur Blattgemüse wie Mangold, Knoblauch oder Spinat; Fruchtgemüse wie Kürbis, Gurken, Paprika, Tomaten, Mais etc. und Wurzel- und Knollengemüse sowie lang laufende Kulturen wie Weißkohl, Rotkohl benötigen Sonne, deshalb sind sie für den Nordbalkon nicht geeignet.

Wunderwerk Wurzel

Wurzelwissen

Alle Pflanzen unterscheiden sich nicht nur in Bezug auf ihre oberirdischen Pflanzenmerkmale. Entscheidend für das Wachstum sind vor allem die in der Erde befindlichen Wurzeln. Nur ein wirklich gut ausgebildetes Wurzelwerk kann im Klimawandel bei längeren Trockenperioden ausreichend Wasser und Nährstoffe aus dem Boden aufnehmen und speichern. Einige Pflanzen sind hier im Vorteil und haben sich im Laufe der Evolution besondere Speicherorgane zugelegt.

Wichtig ist vor allem der Aspekt, dass man bei der Kultivierung von Nutzpflanzen sehr viel Einfluss darauf nehmen kann, wie gut sich das jeweilige Wurzelwerk entwickeln kann. Hier können Sie viel dazu beitragen, dass sich die Pflanzen auf Ihrem Balkon wohlfühlen und dass Sie gesundes Gemüse ernten können.

Vertieftes Wurzelwissen

Beim Einkauf von Salat- oder Gemüsepflanzen ist nicht erkennbar, wie sich die Wurzeln jeweils entwickeln werden und welcher Wurzelraum von jeder Art benötigt wird. Salate, Gemüse, Sommerblumen sind einjährig und entwickeln meist kein so starkes Wurzelsystem wie mehrjährige Pflanzen, Stauden, Gehölze oder Bäume.

Aber Wurzel ist nicht gleich Wurzel. In Büchern wie dem Wurzelatlas lässt sich die horizontale und vertikale Ausbreitung von Wild- und Kulturpflanzen studieren. Je nach Bodenverhältnissen orientieren sich die Wurzeln immer wieder aufs Neue dorthin, wo Mineralstoffe zu finden sind. Es ist interessant zu sehen, welche Wege Wurzeln einschlagen.

Wurzelwissen – wichtig nicht nur für Profis

Feldsalat wird z. B. als Flachwurzler eingestuft. Bei Betrachtung des Wurzelsystems lässt sich erkennen, dass je nach Bodenart, Humusgehalt etc. die Primärwurzel mehr oder weniger kurz ist; am oberen Teil wachsen wenige, anfangs meist stärker verkahlte, waagrecht ausgebreitete oder abwärtswachsende Seitenwurzeln (die man in solche erster und zweiter Ordnung unterteilt und an deren Ende sich Faserwurzeln befinden). Besonders wichtig sind die **Feinwurzeln**, Wurzeln mit einem Durchmesser von maximal zwei Millimetern, denn sie sind vor allem für die Nährstoff- und Wasseraufnahme der Pflanze zuständig.

Feldsalat wird ca. 8 Zentimeter hoch, wurzelt etwa 10 bis 15 cm tief, die Seitenwurzeln breiten sich in einem Durchmesser von ca. 25 cm aus. An den älteren Wurzelteilen weist er einen Verdunstungsschutz auf, der verkorkt ist und deshalb keine feingliedrigen Faserwurzeln aufweist. Deshalb ist Feldsalat auch trockenheits- und hitzeresistent.

Übrigens: Die Farbe aller Pflanzenwurzeln, auch der gleichen Familie, unterscheidet sich in vielen Variationen und Tönen. Und schließen Sie nie vom oberirdischen Aussehen auf das Aussehen der Wurzeln – eine Erkenntnis, die dazu anregt, die Pflanze immer als Ganzes zu betrachten.

Flachwurzler Feldsalat

Grundsätzlich lassen sich alle Pflanzen, ob Bäume, Sträucher, Wildpflanzen oder Gemüsepflanzen, in Flach-, Mittel-, und Tiefwurzler einteilen. Da beim Anbau in Mischkultur Flachwurzler meistens mit Tiefwurzlern kombiniert werden, ist das Wurzelwissen zu den jeweiligen Pflanzen sehr wichtig.

Flachwurzler bilden ihr Wurzelsystem meistens großflächig direkt unter der Erdoberfläche aus. Trocknet die Erde im Sommer bei großer Hitze aus, werden diese Pflanzen vermutlich als Erstes schlapp machen. Eine gute Wasserversorgung ist also hier besonders wichtig. An heißen Tagen hat sich zweimal tägliches Gießen in den Morgen- und Abendstunden bewährt. Nährstoffe können nur dicht unterhalb der Oberfläche aufgenommen werden, und Hacken mögen die meisten Pflanzen gar nicht. Typische Flachwurzler sind Petersilie, Rucola, Kopfsalat, Zwiebel, Knoblauch, Feldsalat und Radieschen.

Sellerie und Tomaten wurzeln sowohl flach als auch tief. Besonders Tomaten lassen sich durch richtiges Gießmanagement zum Tiefwurzeln erziehen, vorausgesetzt, der Kübel, in dem sie stehen, ist tief genug.

Mittelwurzler werden oft auch als Herzwurzler bezeichnet und bilden ihr Wurzelsystem im Bereich von 20 bis zu 40 Zentimeter unter der Erdoberfläche aus. Diese Pflanzen können besser als die Flachwurzler Wasser und Nährstoffe aufnehmen und speichern. Dünger sollte so tief in die Erde eingearbeitet werden, dass alle Teile der Wurzeln erreicht werden. Auch hier gibt es gute und schlechte Kombinationen in der Mischkultur. Typische Mittelwurzler sind Erbsen, Bohnen, Kohlrabi, Erdbeeren, Asiasalate und Spinat.

Den größten Vorteil bei längerer Hitze und Trockenheit haben die **Tiefwurzler** mit ihrem ausgeprägten Pfahlwurzelsystem, vorausgesetzt, das Gefäß, in dem sie wachsen, ist auch tief genug. Bei einer Gefäßtiefe von mindestens 60 bis 80 cm wachsen Tiefwurzler wie

Die Wuchsform der Pastinake erfordert viel Wurzelraum.

Obstgehölze sehr gut in Gemeinschaft mit Flachwurzlern. Zu den typischen Tiefwurzlern, die für den Balkonanbau geeignet sind, zählen: Karotte, Paprika, Rote Rübe, Tomate, Winterendivie, Mangold, Haferwurzel und Pastinake.

Ob sich die Pflanzen gut entwickeln, fängt schon bei der Anzucht an und hängt sehr davon ab, wie gut der Mischkulturpartner und die Nährstoffversorgung passt, ob ausreichend Wasser zur Verfügung steht und wie groß das Gefäß ist. Für alle Pflanzenarten gilt, je größer und tiefer die Gefäße sind, umso besser entwickeln sich die Arten.

Untersuchungen haben gezeigt, dass Pflanzen, die ausgesät werden, häufig ein stärkeres Wurzelsystem ausbilden können als die Pflanzen, die separat vorgezogen werden und als Jungpflanzen in die Erde kommen. Auf Balkon oder Terrasse kann man diesen Unterschied gerne mal testen. Selber ausgesäte Pflanzen sind robuster und halten Trockenheit dadurch viel besser aus.

Wurzeln und ihre Düfte

Die umwerfenden Duftnoten der Lippenblütler wie Thymian, Bergbohnenkraut, Basilikum, Zitronenmelisse, aber auch anderer Pflanzen begegnen uns beim Gießen durch Berührung oder beim Reiben eines Blattes. Aber auch beim Einpflanzen, Teilen und Umsetzen kommen wunderbare Düfte zum Vorschein. Achten Sie auf folgende Pflanzen, deren Wurzeln und ihre speziellen Düfte, die für mehrere Zwecke verwendet werden können:

Wurzeldüfte von balkon- und terrassengeeigneten Pflanzen

Name	Duftnote	Verwendung
Alant (Inula helenium)	frische Wurzel: Banane getrocknete Wurzel: Weihrauch	Färbepflanze, Heilpflanze/Tee Wurzel wie Ingwer verwendbar
Baldrian (Valeriana off.)	getrocknete Wurzel duftet intensiver als frische Wurzel; typischer Baldrianduft	Heilpflanze, Beruhigung
Haferwurzel (Tragopogon porrifolius)	(unspezifisch)	Gemüse Heilpflanze
Liebstöckl (Levisticum off.)	ätherisches Öl; frische Heunote	Parfümherstellung

Baldrianwurzeln

Name	Duftnote	Verwendung
Meisterwurz [Peucedanum ostruthium]	[unspezifisch]	Medizin/Tinktur
Muskatellersalbei [Salvia sclarea]	Balsamischer, zitroniger Duft	Tinktur: antibakteriell; Blätter und Blüten essbar
Rosenwurz [Rhodiola rosea]	Rosenduft, nur getrocknete Wurzel	
Schwertlilie [Iris germanica var.florentina]	Veilchenduft	Parfümherstellung/Öl für Danziger Goldwasser
Seifenkraut [Saponaria officinalis]	[unspezifisch]	Waschmittel für Stoffe und Haare
Zuckerwurzel [Sium sisarum]	süßlich	Küche
Zwiebel [Allium]	scharf, beißend	Medizin/Küche

Iris-Rhizome

Perfekte Pflanzkombinationen

Die Kenntnis über das Wurzelwachstum der einzelnen Pflanzen ist schon mal eine gute Grundlage, um perfekte Pflanzkombinationen für Ihre Kübel oder das Hochbeet zu finden. Ist der Wurzelraum im Kübel bereits mit Tiefwurzlern ausgefüllt, können sie mit Flachwurzlern kombiniert werden. Der Vorteil ist, dass damit alle Substratschichten zur Nährstoffversorgung ausgenutzt werden. Da über die Wurzeln verschiedene Stoffe ausgeschieden werden, können sich einige Pflanzen untereinander fördern, während andere sich gar nicht vertragen. Gut kombinierte Pflanzen helfen sich sogar untereinander gegen Krankheiten und Fraßfeinde.

Um gute Ergebnisse beim Anbau zu erzielen, müssen wir uns also vorab genauer mit ihnen befassen. Wie hoch werden sie, welche Bedürfnisse haben sie, sind sie sonnen- oder schattenliebend, mit wem vertragen sie sich gut, wie hoch ist ihr Wasser- und Düngebedarf, sind es Stark- oder Schwachzehrer, Tief- oder Flachwurzler, sind sie ein-, zwei- oder mehrjährig?

INFO

Gemüsearten einer Familie, z. B. Kreuzblütler, in der Fruchtfolge nicht nacheinander an der gleichen Stelle und in Mischkulturen nicht nebeneinander anbauen.

Das klingt ziemlich kompliziert und vielleicht auch etwas verwirrend. Einfach merken lässt sich allerdings, dass sich Gegensätzliches in Bezug auf Pflanzenhöhe und Wurzelwachstum gut miteinander kombinieren lässt.

In besonders trockenen und heißen Sommern hat es sich vor allem bewährt, hohe neben niedrige Pflanzen zu setzen, um empfindlichere Pflanzen zu beschatten. Pflanzen mit gleichen Eigenschaften in Bezug auf Wasserbedarf, Standortbedingungen und Nährstoffbedarf müssen aber auch mit beachtet werden.

Mischkulturscheiben geben schnellen Rat.

Das Wissen über einen gesunden Garten durch Mischkultur hat die Biogartenpionierin **Gertrud Franck** bereits in den 1980er-Jahren in ihrem Buch festgehalten, das immer noch Gültigkeit hat und inzwischen neu aufgelegt worden ist. Wir brauchen also nichts neu zu erfinden und können sehr viel aus diesen bewährten Anbaumethoden für die Bepflanzung unserer Kübel, Kästen und Hochbeete übernehmen.

TIPP

Im Handel können Sie sich eine **»Mischkulturscheibe«** besorgen. Durch einfaches Drehen der Scheibe finden Sie passende Kombinationen verschiedener Gemüse- und Kräuterarten für eine harmonische und ertragreiche Nachbarschaft im Gemüsebeet. Welche Pflanzen sich nicht mögen, sich nicht »riechen« können, sehen Sie ebenfalls auf einem Blick.

Voraussetzungen und Pflanzanleitung

1. Grundsätzlich sollten möglichst große Gefäße verwendet werden, da diese Wasser besser und länger speichern können und lange Wurzeln die Pflanzen besser versorgen.
2. Im Voraus berechnen, wie viel Erde, Langzeitdünger, Blähton, Bodenverbesserungszugaben wie Urgesteinsmehl benötigt werden. 30 Liter Erde reichen für Balkonkästen mit den Maßen Länge 60 cm, Breite 25 cm, Tiefe 25 cm.
3. Die beste Pflanzzeit ist morgens oder abends oder an kühlen Tagen.
4. Gekaufte Pflänzchen in ihrem Behältnis vorher wässern, damit sich der Wurzelballen vollsaugen kann. Am besten gelingt das in einem Wassereimer. Sobald sich der Wurzelballen vollgesogen hat, steigen keine Blasen mehr auf. Sollten die gekauften Pflanzen stark verwurzelt sein oder schon im Kreis wachsen, müssen diese aufgerissen, gelockert und evtl. zurückgeschnitten werden.
5. Beim Einsetzen beachten:
   a] Pflanzen nicht tiefer setzen, als sie im gekauften Behältnis stehen
   b] Langzeitdünger und Urgesteinsmehl mit der Pflanzerde mischen
   c] genügend Erde um die gesamte Pflanze füllen, keine Lücken lassen
   d] ca. 2 cm Gießrand zur Gefäßkante belassen
   e] die verschiedenen Pflanzen mit Schildern auszeichnen

Mischkulturen in der Balkonpraxis

Auf Balkon und Terrasse können die verschiedensten Gefäße bepflanzt werden. Je größer, umso wichtiger ist die richtige Kombination von guten Nachbarn und umso besser werden Ihre Pflanzen wachsen. Pflanzen Sie in den Lücken zwischen dem Gemüse am besten Kräuter und Wildblumen, sodass immer auch etwas im Kasten für Bienen, Hummeln und Schmetterlinge blüht. Auch einjährige Kräuter und Blumen wie Ringelblumen, Borretsch, Tagetes, Löwenmäulchen, Kapuzinerkresse und Cosmea lassen sich einfach aussäen.

Mischkultur mit Tagetes und Mangold

Pflanzenkombinationen von Salaten, Gemüse und Blumen im Balkonkasten (L 60, B 23, H 14 cm)

Variation 1

Pflück-, Schnitt- und Asiasalate, Radieschen, buntstieliger Mangold, Salat, Schnittlauch, Rucola, Salbei, Tagetes, Cosmea

Variation 2

Lauch, Kopfsalat, Taubenskabiose, Radieschen, Pflücksalat, Lauch

Variation 3

Zwiebel, Monatserdbeeren, blauer Kohlrabi, rundblättrige Glockenblume

Variation 4

Mangold, Acker-Witwenblume, Zwiebel, Mangold, Storchschnabel

Variation 5

Gundermann, Thymian, Kohlrabi, Salat, Kohlrabi, Ringelblume

Variation 6

Pak Choi, Hängeglockenblume, Rucola, Kopfsalat, Radieschen

Variation 7

Salat, Schnittlauch, Rucola, Salbei, Tagetes, Cosmea

Günstige Kombinationen in großen und tiefen Gefäßen (L 60 cm, B 60 cm, H 60 cm)

Variation 1

Hochstämmchen Johannisbeere (weiß, rot, schwarz) oder Stachelbeere, Salate, Radieschen, Knoblauch, Kapuzinerkresse, Erdbeeren, Chilischote, Pimpinelle

Variation 2

Stangenbohnen, Bohnenkraut, Cocktailtomaten, Basilikum

Variation 3

Zuckermais, Zucchini, Stangenbohnen

Variation 4

Mais, Kürbis, Stangenbohnen

Variation 5

Strauchrose, Palmkohl, Erbsen

Variation 6

Kartoffeln, Buschbohnen, Borretsch

Günstige Kombinationen im Hochbeet (L 150 cm, B 100 cm, H 80 cm)

Variation 1

Kartoffeln, Blumenkohl, Buschbohnen oder Ackerbohnen, Meerrettich, Spinat

Variation 2

Buschbohnen, Baldrian, Bohnenkraut, Lauch, Erdbeeren, Gurken, Mangold, Rettich

Variation 3

Obstbäumchen (Apfel, Aprikose, Nektarine ...) Salate, Dill, Zwiebeln, Knoblauch, Majoran, Tagetes, Kapuzinerkresse

Variation 4

Aubergine, alle Kohlarten, Ringelblume, Spinat, Salate

Über diese Variationen hinaus können im Frühjahr, Herbst und Winter sowohl Aussaaten und frosttolerante Salate, z. B. Feldsalat, Postelein, und Gemüse gepflanzt und geerntet werden. Eine ganzjährige Ernte und ein ganzjähriges Blütenangebot für Insekten ist dadurch möglich.

»Ungeliebter« Wermut

Ungünstige Kombinationen und Unverträglichkeit innerhalb der Familie

- Bohnen und Zwiebeln
- Rettich und Gurken
- Kopfsalat, Petersilie und Gartenkresse
- Wermut verträgt sich mit keiner anderen Pflanze außer mit Schwarzen Johannisbeeren
- Nachtschattengewächse: Kartoffeln, Tomaten, Chili, Paprika, Auberginen
- Hülsenfrüchtler: Erbsen, Zuckererbsen und Bohnenarten
- Fuchsschwanzgewächse: Rote Bete, Guter Heinrich, Mangold, Melde, Spinat
- Kreuzblütler: Kohlsorten, Radieschen, Rucola
- Doldenblütler: Dill, Fenchel, Kümmel, Kerbel, Petersilie, Pastinaken

TIPP

Minzearten und Zitronenmelisse unbedingt allein in einen großen Topf pflanzen

Kapuzinerkresse wehrt viele Schadinsekten ab.

Pflanzenschutz durch Kerbel und Spinat im Hochbeet

Traumhafte Partner

Pflanzen schützen sich mit Duftstoffen gegenseitig vor Fraßfeinden und können Wachstum, Geschmack und Gesundheit befördern. Deshalb sind Mischkulturen das erfolgreichste Rezept und »Monokulturen« immer überlegen.

- Tomaten und Sellerie halten Kohlschmarotzer ab.
- Salat und Spinat bewahren junge Kohlpflanzen und Radieschen vor Erdflöhen.
- Knoblauch schützt Erdbeeren und Möhren vor Milben und Schimmel und verstärkt den Rosenduft, wenn er dort wächst.
- Frühmöhren halten die Lauchmotte von Lauch und Zwiebeln fern, Zwiebeln, Dill und Lauch die Möhrenfliege.
- Dill zwischen Gurken, Kohlarten, Roten Rüben und Zwiebeln hält Läuse fern und fördert das Auflaufen und bessere Keimen von Möhrensaatgut.
- Kamille zwischen Salat und Spinat unterstützt deren Widerstandskraft gegen Pilzkrankheiten, Kamille zwischen Tomaten wirkt sich positiv auf das Wachstum und das Aroma der Früchte aus.
- Kapuzinerkresse unter Obstgehölzen, neben Stangenbohnen, Tomaten oder zwischen Kohlgewächsen wehrt Schadinsekten ab.
- Kerbel in Mischkultur mit Salaten, Kohlrabi, Endivien fördert das Wachstum und schützt vor Mehltau, Läusen und vertreibt Ameisen.

Integration von Wildkräutern und ihre positive Wirkung für Kulturpflanzen

Die Meinung, dass Wildpflanzen und Wildkräuter als Unkraut bezeichnet werden und damit in Konkurrenz zu den Kulturpflanzen stehen, ist noch allgegenwärtig. Tatsächlich fördern viele der sogenannten Ackerunkräuter sogar unsere Kulturpflanzen.

Viele Wildpflanzen sind ferner gut für unsere **Gesundheit**. Als unverfälschte und nicht manipulierte Pflanzen (ich nenne sie daher gerne »ehrliche« Pflanzen) ermöglichen sie eine ganzheitliche Ernährung und sind für ein gutes Darmsystem von Bedeutung. Ihre Inhaltsstoffe – Mineral- und Vitaminstoffe, Flavonoide, sekundäre Pflanzenstoffe, Anthocyane, Gerbstoffe etc. – sind für Pflanzen, Tiere und Menschen wertvoll und nicht zuletzt Basis für unsere **Medizin**.

Leider haben sich viele heimische Wildpflanzen durch die intensive Landwirtschaft und die massiv eingesetzten Pflanzenschutzmittel bereits vom Acker gemacht. Der Anbau unserer Kulturpflanzen in Monokultur hat zu einer Zunahme von bestimmten unerwünschten

Insekten geführt, die mit Insektiziden bekämpft werden mussten. Diese chemischen Keulen haben natürlich auch andere heimische Insekten vernichtet und sind eine der Hauptursachen des Artensterbens.

Während viele Wildpflanzen auf den Äckern schon nicht mehr zu finden sind, können wir sie noch im Garten oder auf dem Balkon fördern. Ein Balkon, auf dem Wildpflanzen wachsen, kann in kürzester Zeit eine hohe Anzahl an Insekten und Vogelarten anlocken. Durch die Bestäubung der Insekten ist der Ertrag von Obst, Gemüse und Kräutern gesichert. Die Vögel knabbern gerne an den Samen Ihrer Wildpflanzen und kümmern sich, ganz nebenbei, um Raupen und Läuse.

Streuobstwiesen fördern Biodiversität.

Was können wir für den Artenschutz auf dem Balkon beitragen?

Intensiv bepflanzte Balkone und Gärten können eine großartige Unterstützung im Kampf gegen die Verluste der Artenvielfalt von Pflanzen und Tieren sein. Würden allein die mehr als 65 Millionen vorhandenen Balkone vielfältig bepflanzt und gärtnerisch genutzt, wären sie in Summe praktikable Gegenmaßnahmen, die Folgendes bewirken:

- eine Verbesserung des Klimas in der Stadt, kühlende Wirkungen durch Pflanzen auf Balkonen in den Städten gegen Hitze und Trockenheit und Luftverbesserung
- eine Reduzierung von Ressourcen durch geringere Auslandsproduktion, Importe und Transporte
- dass Selbstversorgung und Balkongenuss zu einem Lebensmotto und zur persönlichen Freude werden
- ein Erkennen, dass das Gärtnern am Balkon unsere Sinne öffnet und wir die Schönheiten von Farben, Formen und Düften unmittelbar erleben können
- die Schaffung von Lebensräumen für Insekten, Vögel und Kleintiere
- eine Unterstützung für den Anbau und Erhalt alter Sorten von Blumen, Gemüse, Obst.

Der Balkon als Treffpunkt für Vögel

Mitunter siedeln sich wie von Geisterhand Wildpflanzen auf Balkon und Terrasse von alleine an, wenn noch unbedeckter Boden neben den Pflanzen vorhanden ist. Franzosenkraut, Melde, Vogelmiere, Löwenzahn, Johanniskraut, Schöllkraut und Brennnessel gehören zu den häufigsten Wildpflanzen, die sich durch Wind und Vögel über Samen schnell verbreiten.

Manchmal finden sich auch seltenere Pflanzen in den Balkongefäßen ein, die Sie noch nicht kennen. Beobachten Sie, wie sich diese Pflanzen entwickeln. Per Pflanzenbestimmungs-App lassen sich unsere heimischen Wildpflanzen inzwischen gut bestimmen. Damit können Sie auch Ihre Kinder begeistern und nebenbei an das Thema Wildkräuter heranführen.

Einige Wildpflanzen haben besondere Inhaltsstoffe, die positiv auf das Wachstum unserer Kulturpflanzen wirken. Wenn Sie Wildpflanzen nicht nur als Unkräuter ansehen, werden Sie bald merken, dass Sie keine teuren Mittel im Handel kaufen müssen, um Ihre Pflanzen gesund zu halten. Der beste Pflanzenschutz wächst bereits vor Ihrer Haustür.

Wildpflanzen können, wenn sie doch zu üppig werden, als Mulchmaterial zwischen anderen Pflanzen dienen und verhindern damit an heißen Tagen, dass der Boden zu schnell austrocknet. Die Verwendung von Kräuterbrühen, die man aus getrockneten Kräutern selbst herstellen kann, wirken als Pflanzenstärkungsmittel.

Alle heimischen Wildpflanzen bieten für Insekten eine wichtige Nahrungsquelle.

Die meisten Wildpflanzen für sonnige Standorte sind anspruchslos und robust und fühlen sich auch in Kästen und Kübeln wohl.
Sie haben einen geringeren Wasserbedarf als Kulturpflanzen und kommen mit Hitze und starker Sonnenstrahlung gut zurecht und sind daher bestens an den Klimawandel angepasst.

Die folgenden zwei Wildpflanzen sollen an dieser Stelle zeigen, wie wichtig heimische Wildkräuter für den biologischen Anbau unserer Kulturpflanzen sind.

Löwenzahn

Zitronenfalter

Löwenzahn ist in vielen nährstoffreichen Gärten und in unserer Natur kein seltener Gast. Auf gedüngten, stickstoffhaltigen Wiesen ist er leider manchmal das einzige Wildkraut, das noch zu sehen ist. Es handelt sich also nicht um eine bedrohte Art, die wir fördern sollten. Trotzdem lohnt sich der Anbau auch mal auf Balkon oder Terrasse aufgrund seiner Inhaltsstoffe. Inzwischen erhält man Löwenzahnjungpflanzen und viele andere »Unkräuter« sogar in Biogärtnereien, die ein Wildpflanzensortiment führen. In tiefen Gefäßen können Sie den Löwenzahn kultivieren, der über seine Haarwurzeln Eisen ausscheidet und an andere Pflanzen abgibt. Damit kann vor allem die gefürchtete Chlorose (Eisenmangelkrankheit) verhindert werden.

Löwenzahn lockt ganz nebenbei, wenn er blühen darf, zahlreiche Honig- und Wildbienen und Schmetterlinge an. Der Zitronenfalter ist ein gern gesehener Gast im Frühjahr.

Brennnessel

Die Brennnessel ist nicht nur eine wunderbare Heilpflanze. Die vielen unterschiedlichen Inhaltsstoffe können auch anderen Pflanzen zugutekommen. Wo die Brennnessel wächst, ist der Boden meistens sehr nährstoffreich und gut für Starkzehrer geeignet. Wer sich diese Art von Mischkultur nicht zutraut, kann die Brennnessel auch gut separat in einem Kübel wachsen lassen, wenn noch Platz auf dem Balkon ist. Vielleicht kommt dann das Tagpfauenauge oder der Kleine Fuchs vorbei. Besonders häufig wird die Brennnessel als Dünger verwendet.

Kleiner Fuchs

Essbare heimische Wildkräuter für den Balkon

Baumspinat	Gänsefußgewächs
Brennnessel	Brennnesselgewächs
Oregano (Dost, Majoran)	Lippenblütler
Echter Erdbeerspinat	Gänsefußgewächs
Frauenmantel	Rosengewächs
Franzosenkraut	Korbblütler
Gundermann	Lippenblütler
Gänsefingerkraut	Rosengewächs
Guter Heinrich	Gänsefußgewächs
Kamille	Korbblütler
Knoblauchsrauke	Kreuzblütler
Löwenzahn	Korbblütler
Melde	Gänsefußgewächs
Sauerampfer	Knöterichgewächs
Schafgarbe	Korbblütler
Spitzwegerich	Wegerichgewächs
Vogelmiere	Nelkengewächs

Diese Wildpflanzen sind im jungen Stadium in der Küche verwertbar, und sie sind unproblematisch zwischen den Kulturpflanzen, da sie überwiegend Flachwurzler sind und keinen Dünger benötigen. Sie reichern unseren Speiseplan kostenlos mit wertvollen Mineralien und sekundären Pflanzenstoffen an. Ein weiterer Vorteil ist, dass Wildpflanzen wenig bzw. gar keine Pflege benötigen; mit Wassergaben sind sie schon zufrieden.

Gänsefußgewächse und andere Wildpflanzenarten werden häufig in der alternativen Küche verwendet. Selbst in Sterneküchen gibt es mittlerweile Gerichte, die mit Wildpflanzen und Wildkräutern verfeinert werden und die Gäste mit unerwartet köstlichem Geschmack überraschen.

Kräuter für gesunde Teevariationen

TIPP

Der **Gute Heinrich** (welch schöner Name!) ist die Urform des Spinats, und genauso wird er auch verarbeitet. Die Blätter wie Spinat verwenden oder die jungen Triebe schälen und wenige Minuten in Salzwasser gar kochen. Blätter und Stiele schmecken würzig-herb und enthalten die gesunden Inhaltsstoffe Vitamin C, Eisen, Mineralsalze und Saponine. Die Pflanze hat eine blutreinigende und blutbildende Wirkung.

Der Gute Heinrich, unscheinbar, aber gesund

Kapitel 2
Basiswissen Gärtnern »ohne Boden«

Das Gärtnern auf Balkon und Terrasse stellt uns vor neue Herausforderungen. Wir füllen Kästen und Kübel aus unterschiedlichsten Materialien mit gekauften Substraten, und dieser Boden hat keinen Kontakt zu einem normalen Erdboden und muss daher belebt werden. Hochbeete und Balkongefäße sind oft eine Chance, anders mit typischen Problemen umzugehen.

Gärtnern Sie zusätzlich in einem Garten? Dann wissen Sie aus eigener Erfahrung, wie anders das Gärtnern ohne »gewachsenen« Boden ist. Im Gartenboden eingesetzte Pflanzen können ihr Wurzelsystem besser entwickeln und müssen deshalb nicht so oft gegossen werden. Dafür haben Sie dort in nassen Sommern Besuch von Nacktschnecken und werden öfter mit Pilzkrankheiten konfrontiert.

Der Vielfalt an Gefäßen ist keine Grenze gesetzt.

Auf dem Balkon sind solche unangenehmen Besucher nur sehr selten anzutreffen. Dafür muss alles regelmäßig gegossen werden, und das ist in Kübeln und Töpfen in heißen, trockenen Sommern eine echte Herausforderung. Während im eigenen Garten sowohl Erde wie auch Kompost und Mulchmaterial meistens ausreichend vorhanden sind, muss für den Balkon alles angeschafft werden: Gefäße, Erde, Dünger.

Für die Pflanzen entsteht so ein »künstlicher« Lebensraum, und der will gut geplant sein, damit sie sich bestens entwickeln können.

Optimale Erde, optimales Substrat

Gekaufte Fertigerde in Säcken ist immer ein Erdgemisch, ein sogenanntes Substrat. Diesen Substraten werden Zuschlagsstoffe beigemengt, beispielsweise mineralische oder organische Dünger, Torf, Kokos- oder Holzfasern, Pflanzenabfälle, Sand, Ton, Nährsalze, Ziegelsplitt, Algenkalk, Holzkohle oder Rindenhumus.

Das Substrat muss strukturstabil sein und den Pflanzen über einen längeren Zeitraum Halt geben. Deshalb darf das Substrat nicht verklumpen oder sich verdichten. Es muss ausreichend Sauerstoff und Wasser enthalten und binden können.

Ausschließlich Gartenerde für den Balkon zu verwenden, ist leider keine gute Option. Diese Erde hat häufig einen hohen Lehmanteil, der im Topf verklumpen und das Wurzelwachstum behindern würde. Das Gleiche gilt für sandige Erdböden – auch diese sind als Kübelerde ungeeignet. Sie sind zu locker, nährstoffarm und können kein Wasser speichern. Im Abschnitt »Pflanzerde selber mischen«, S. 63f., spielt Gartenboden trotzdem eine wichtige Rolle.

TIPP

Mittlerweile gibt es ökologisch **nachhaltige Erdangebote** auch in Bioläden. Der BUND und der LBV propagieren Erde, die aus nachwachsenden Rohstoffen, Holzfasern, Rindenhumus, Bioabfällen oder Kompost hergestellt wurde. Diese Erden eignen sich für alle Balkon-, Gemüse-, Kräuter-, Obst- und Zimmerpflanzen.

Der erste Schritt führt bei der Neuanlage von Hochbeeten und Balkonkästen also meistens zum Gartencenter oder Baumarkt. Beim Kauf von Erde entsteht aufgrund der riesigen Auswahl meist große Verwirrung: Ob für Kräuter, Gemüse, Blumen, Rosen, Tomaten, Rhododendron, für nahezu jede Pflanze scheint eine andere Erde notwendig zu sein. Das leuchtet den Kund*innen erst einmal ein. Aber welche ist jetzt die richtige? Hochbeeterde, Bioerde oder die ganz preiswerte, die sich einfach »Pflanzerde« nennt?

Braucht es all diese Angebote wirklich?

INFO

Erdsäcke gibt es in verschiedenen Größen von 10, 20, 30, 40, 50 oder 60 Liter zu kaufen. Diese Angaben beziehen sich auf das Volumen, nicht auf das Gewicht. Je nach Zusammensetzung kann die Dichte von Einheits- oder Universalblumenerde bei **400 bis 500 Kilogramm pro Kubikmeter** liegen.

In Baumärkten ist man mit dem Angebot schnell überfordert.

Intakte Moore sind im Klimaschutz unerlässlich.

Ich kann Ihnen aus meiner eigenen Praxis versichern: Da auf dem Balkon verschiedene Pflanzenarten zusammen in einem Gefäß wachsen, brauchen Sie nur eine Erdsorte für alle Pflanzen sowie zusätzlich Aussaaterde, falls Sie Pflanzen vorziehen möchten. Bei der Entscheidung, welche Erde Sie kaufen, sollten Sie auf zwei Punkte achten: Einmal, dass die Erde aus **zertifizierter ökologischer Herstellung** kommt und vor allem, dass sie **torffrei** ist.

Torfhaltige Erden

Torf ist in sehr vielen Erdsubstraten enthalten. Er wird aus baltischen oder ukrainischen Mooren entnommen und über lange Transportwege zu uns gebracht. Das ist eine ökologische Katastrophe, da in Moorböden gigantische Mengen CO_2 gespeichert sind. Darüber hinaus verlieren wertvolle Tier- und Pflanzenarten ihren Lebensraum.

Leider ist torfhaltige Erde billiger als torffreie Erde. Es ist skandalös, dass die Zerstörung der Moore billiger ist, als Erde aus lokal anfallenden Bioabfällen zu verwenden. Beim Torfabbau werden Umweltzerstörung und deren Folgekosten »sozialisiert« (externalisiert), während die Gewinne aus der Umweltvernichtung privaten Unternehmen zugutekommen.

Torfabbau – eine ökologische Katastrophe

Obwohl alle Fakten des schädlichen Torfabbaus bekannt sind, werden in privaten Haushalten jährlich ca. 2,5 Millionen Kubikmeter Torf gekauft. Allein in Deutschland kommen jährlich mehr als 12 Millionen Kubikmeter Torf zum Einsatz!

Aufgrund des Klimawandels werden in vielen Ländern mittlerweile ehemals entwässerte Flächen und Moore wieder renaturiert bzw. wiedervernässt. Moore sind nicht nur wertvolle Kohlenstoffsenken, sie können bei Starkregen riesige Wassermengen sammeln und Schadstoffe filtern.

Die billigere Torferde hat neben ihren negativen Umweltauswirkungen weitere Nachteile:

- Einmal ausgetrocknete Torferde kann nie mehr Wasser aufnehmen. Das werden viele schon erlebt haben, wenn vergessen wurde, kleine Pflanztöpfchen zu gießen. Dann läuft das Wasser durch das Substrat durch; die Erde bleibt trotz Gießens trocken, und die Pflanze vertrocknet.
- Torferde erwärmt sich weniger gut und ist ungefähr 2 °C kühler als normale Pflanzerde.

- Torf hat einen niedrigen pH-Wert, der für unsere Pflanzen unverträglich ist. Durch Kalkzugabe kann der pH-Wert in den basischen Bereich verschoben werden.

INFO

Für Gemüse, Blumen, Kräuter, Beeren (außer Heidelbeeren) und Obst benötigen Sie torffreie Erde mit einem **pH-Wert** von 6,5 bis 7,2; Heidekraut, Erika, Calluna, Rhododendron, Heidelbeeren bevorzugen einen niedrigen pH-Wert von 4,5.

Torffreie Erden

Auch wenn sich die torfhaltigen Erden hartnäckig im Gartenbau halten und immer noch ein großes Sortiment davon im Handel ist, so ist doch positiv zu vermerken, dass immer mehr torffreie Erden angeboten werden. Oft sind sie im Namen zusätzlich mit »torffrei« gekennzeichnet. Drehen Sie beim Kauf vorsichtshalber immer die Tüten um, und lesen Sie das »Kleingedruckte«. Die Inhaltsstoffe verraten genau, was das Substrat enthält. Auch mineralischer Dünger ist im ökologischen Anbau nicht zu empfehlen. Biosiegel sind keine Garantie für torffreie Erde – selbst Bioerden enthalten manchmal Torf. Häufig steht auf den Packungen auch torfreduziert oder torfarm. Dann können immer noch bis zu 80 Prozent Torf enthalten sein.

VORSICHT

Viele Städte bieten Erde an, die aus den Bioabfällen der Haussammlungen stammen. Sie wurden mit verschiedenen weiteren Stoffen wie Holzfasern, Rinden etc. angereichert. Für den Gemüse-, Salat-, Kräuter- oder Obstanbau würde ich diese Erde nicht verwenden; es sind u. a. sehr viele **Kunststoffreste** darin zu finden. Zudem beinhalten sie häufig Torf.

Wer mit dem Balkongärtnern startet, muss ausprobieren, welche Erde die beste ist. Kaufen Sie keinesfalls das billigste Produkt. Sie wollen doch schmackhafte Salate, Kräuter, Beeren und vor allem gesunde Produkte ernten. Für Selbstversorger*innen sind Bioerden aus dem Naturkostladen empfehlenswert. Hier gibt es torffreie Pflanzerde, die mit Terra Preta oder mit Kompost angereichert ist, auch wenn sie etwas teurer ist.

Alle Erden sind mit Stickstoff (N), Phosphat (P), Kalium (K) vorgedüngt und sterilisiert, durch die Erhitzung enthält sie leider keine lebenden Organismen mehr. Um gesunde und schmackhafte Salate, Gemüse und Kräuter zu erhalten, muss die gekaufte Erde belebt werden (dazu mehr im Abschnitt »Bodenpflege und Bodenaufbereitung«, Seite 78ff.).

Kleine Erdübersicht

Aussaaterde ist für das Aussäen, die Vermehrung von Stecklingen oder für Jungpflanzen geeignet, da sie nährstoffarm ist.
Einheitserde wird v. a. im Gartenbau eingesetzt. Im Baumarkt ist sie meist noch mit Weiß- oder Hochmoortorf versetzt. Diese Erden werden erhitzt, sodass sie steril sind. Sie enthält Lehm- oder Tonanteile.
Blumenerde besteht aus organischen Bestandteilen wie Holzfasern, Rinde, Kompost und diversen Zusätzen. Diese Erde ist bereits mit Mehrnährstoffdünger angereichert. Nachdüngung ist je nach Pflanzenart trotzdem erforderlich.
Pflanzerde ist ein humusreiches industrielles Substrat und wird häufig von Hobbygärtnern verwendet.
Universalblumenerde ist mit viel Sand vermischt. Diese Erde wird für Pflanzen mit geringem Wasserbedarf wie Kakteen, Sukkulenten oder für wasserspeichernde Arten wie Mauerpfeffer, Fetthenne verwendet. Für Pflanzen mit geringem Nährstoffbedarf wie Thymianarten, Lavendel kann sie zusammen mit Pflanzerde verwendet werden.

Für die Balkon- und Terrassenbepflanzung sind folgende Erden geeignet:
Typ 0: Aussaaterde ist ungedüngt und wird für empfindliche Aussaaten, aber auch für Stecklingskultur (Vermehrung) verwendet.
Typ P: Pikiererde enthält wenig Dünger und wird sowohl für Aussaaten als auch für das erste Umpflanzen (= Pikieren) von Sämlingen und Stecklingen eingesetzt.
Typ T: Topferde ist stark gedüngt und für große, ausgewachsene Pflanzen und Starkzehrer geeignet sowie für große Kübel.

Spezialerde für die Aussaat

Auch wenn Sie mit einer Sorte Erde zur Pflanzung gut zurechtkommen, benötigen Sie doch eine weitere Erdart, wenn Sie Ihre Jungpflanzen selber vorziehen möchten. Normale Erde ist immer vorgedüngt und eignet sich daher nicht. Aussaaterde gibt es im Handel mittlerweile auch torffrei. Sie besteht meistens aus Perlit, Holz- und Kokosfasern und Grünkompost. Das Vulkangestein Perlit sorgt für ein hohes Porenvolumen und eine optimale Luft- und Wasserführung in der Erde und ersetzt damit den Torf. Wichtig ist, dass die Aussaaterde locker, leicht, keimfrei und nährstoffarm ist.

Tomatenkeimlinge

Zu hohe Nährstoffgehalte würden den empfindlichen Keimlingswurzeln schaden. Sind die Wurzeln im Verhältnis zur Blattmasse zu klein, findet der Keimling in der Erde keinen Halt. Der Samen benötigt für die Wurzelbildung eine feuchte (aber nicht nasse!) sauerstoffhaltige, lockere Erde.

Aussaat- bzw. Anzuchterde ist nährstoffarm, da das Saatgut zum Keimen kaum Nährstoffe benötigt. Wären zu viele Nährstoffe in der Anzuchterde, würde das den empfindlichen Keimlingswurzeln schaden und das junge Pflänzchen würde anstatt einer starken Wurzelbildung zu schnell Blattbildung betreiben, was zur sogenannten »Umfallkrankheit« führen würde. Die Wurzelchen wären für Stängel und Blätter viel zu gering und noch winzig klein, sodass der Keimling in der Erde keinen Halt findet.

TIPP

Sammeln Sie die lockere Erde von **Maulwurfshügeln**, die man in der Stadt häufig in Grünanlagen findet, und mischen Sie die Erde zu gleichen Teilen mit Sand. Um das Keimen von Wildpflanzensamen zu verhindern, kann die Erde im Backofen auf dem Backblech für ca. 45 Minuten bei 120 °C keimfrei gemacht werden. Wichtig: Zur Belebung darf die Erde nicht erhitzt werden!

Pflanzerde selber mischen

Wenn Sie kein Balkonneuling sind, können Sie mit der alten Erde aus dem Vorjahr nachhaltig Ihre eigene Pflanzerde mischen. Dazu verfügen Sie idealerweise bereits über bepflanzte Kübel oder Kästen und organische Nährstoffe wie Kompost, Wurmhumus oder Bokashi (siehe Seite 100ff.).

Alte Erde aus dem Vorjahr muss also nicht entsorgt werden, sondern kann unter Zugabe von Nährstoffen wiederverwendet werden. In Zeiten multipler Umweltkrisen ist ein Umdenken nötig: weg von der Konsum- und Wegwerfmentalität, an die viele sich in den letzten Jahrzehnten gewöhnt haben, hin zu ressourcenschonendem, nachhaltigem Handeln. Pflanzenreste, getrocknete Kräuter und Bioabfälle aus der Küche oder alte Balkonpflanzen vom Vorjahr erhalten ein zweites Leben als Kompost, Mulchmaterial, Pflanzentee, Pflanzenjauche oder als Basis für den Bokashi-Eimer.

Kompost vom eigenen Balkon

Hornspäne als Langzeitdünger

Ein Hochbeet mit Erde zu bestücken, ist meistens sehr aufwendig. Wenn Sie die Erde vom Vorjahr verwenden möchten, müssen Sie für neue Nährstoffe sorgen. Dazu können Sie bereits im Herbst auf die abgeerntete Fläche **Gründünger** säen. Es gibt winterharte und nicht winterharte Gründüngung. Von September bis November kann gesät werden, solange kein Frost auftritt. Wenn Sie ganzjährig gärtnern, nutzen Sie Erntelücken regelmäßig zur Nährstoffzugabe. Falls Sie keine Gründüngung ausbringen wollen, sollten Sie die Erde unbedingt mit Laub oder Pflanzenmaterial abdecken.

Im Frühjahr kann der Gründünger oder andere Pflanzenreste eingearbeitet und die Erde mit Langzeitdünger wie Hornspänen, Urgesteinsmehl, Bentonit, Wurmhumus, Bokashi oder Schafwolle angereichert werden. Die Erde ist nun wieder gut mit Nährstoffen versorgt – und Sie müssen keine neue kaufen.

Gut gedüngt ins neue Gartenjahr ...

... gehen Sie mit der Mischung »1/3 alte Erde, 2/3 neuer Erde«. Wenn Sie zu einem Gesamtvolumen von 60 Liter die folgenden Stoffe geben, ist Ihre Erde perfekt gedüngt:

- eine Tasse (150 ml) Hornspäne als Langzeitdünger
- eine halbe Tasse Hornmehl, das sehr schnell von den Mikroorganismen und den Pflanzen verstoffwechselt wird
- 1 bis 2 Tassen Urgesteinsmehl zur Verbesserung der Erdqualität, des Wurzelwachstums, des Pflanzenwachstums und der Pflanzengesundheit
- 1 Tasse Bentonit (Gesteinsmehl aus Tonmineralen), um Feuchtigkeit gut zu speichern; für Wildpflanzen bzw. Pflanzen mit geringem Nährstoffbedarf ist Ziegelsplitt, Blähton oder Sand geeignet.
- Statt Hornspäne können Sie auch Schafwolle oder abgelagerten Kompost oder Mist vom Biobauern als zusätzliche Düngergaben verwenden.

Für das Gärtnern im Klimawandel werden Urgesteinsmehl, Bentonit, Schafwolle, Kompost und Humus immer bedeutsamer, da sie die Feuchtigkeit auch bei großer Hitze länger und besser speichern können.

Falls Sie über Komposterde verfügen, können Sie diese mit der alten Erde im Verhältnis 1:1 mischen. Für den Nährstoffbedarf sollten auch hier Hornspäne, Rindenhumus oder der sich langsam zersetzende Schafwolldünger dazugegeben werden. Schafwolldünger verbessert die Bodenstruktur und verfügt über eine gute Wasserspeicherfähigkeit.

TIPP

Lassen Sie die Erde **nie ganz austrocknen**, auch nicht die alte Erde, die Sie im nächsten Jahr wieder verwenden wollen. Pflanzerde muss beim Einsetzen immer feucht sein, damit die Wurzeln Nährstoffe aufnehmen und sich entwickeln können.

Die richtigen Gefäße (Größe, Material)

Grüne Balkonoase in der Stadt

Sollten Sie mit dem Balkongärtnern erst jetzt beginnen, planen Sie Ihr Vorhaben möglichst sorgfältig im Voraus. Wie groß ist Ihr Balkon? Welche Bepflanzung schwebt Ihnen vor, wozu wollen Sie Ihren Balkon zusätzlich nutzen?

Das A & O sind zunächst geeignete Gefäße, in denen Ihre Pflanzen gut wachsen können. Je größer, umso besser, klingt logisch, aber Sie müssen unbedingt die Traglast Ihres Balkons berücksichtigen. Je größer die Gefäße, umso mehr Erde werden benötigt und umso mehr Gewicht muss der Balkon tragen. Deshalb sollten Sie unbedingt überprüfen, ob die Statik Ihres Balkons sich mit Ihren Wünschen deckt, da das Pflanzgewicht hinzu kommt.

Unabhängig davon empfehle ich Ihnen, eine Bestandsaufnahme zu machen, welche Gefäße Sie bereits haben oder welche Sie noch benötigen. Denken Sie daran, dass Sie den Ort so gemütlich und angenehm wie möglich (auch an heißen Tagen!) gestalten möchten. Am besten skizzieren Sie Ihre Vorstellungen auf einem großen Blatt Papier.

Was Sie bei der Planung berücksichtigen sollten:

- die Größe des Balkons
- die Größe und das Gewicht aller Gefäße
- das Gewicht der Substrate (und ggf. des Wassers, z. B. bei entsprechenden Bottichen)
- Materialien für die Gefäßauswahl
- Pflanzenauswahl
- Platzbedarf und Gewicht von Sitzmöbeln und Sonnenschutz

Informieren Sie sich vorher, welche Bedürfnisse die von Ihnen ausgewählten Pflanzen haben und wie viel Platz die Umsetzung Ihrer Wünsche benötigt. Und falls der Wunsch nach einem kleinen sprudelnden Wasserbottich mit Blutweiderich, Iris und Fieberklee besteht, sollte allein hierfür ausreichend Platz vorhanden sein. Dieser Miniteich mit leisem Plätschern will gesehen und genossen werden und verschafft so manche Mußestunde.

Wenn es die Traglast Ihres Balkons zulässt, sollten Sie möglichst große Gefäße bevorzugen, damit Obstbäumchen, Rosen und mehrjährige Kletterpflanzen einige Jahre in ihrem Gefäß bleiben können. Rechteckige Gefäße lassen sich ohne Platzverlust dicht nebeneinander oder über Eck zusammenstellen.

Zinkwannen versprühen besonderen Charme.

Die Traglast Ihres Balkons

Während das Gewicht von Kübel oder Hochbeeten auf der Terrasse meistens kein Problem ist und Sie dort sogar größere Gehölze pflanzen können, müssen Sie bei Balkonen unbedingt die zulässige Traglast beachten.

Auf Dachterrassen können fast immer Beete und Hochbeete aufgebaut und sogar größere Gehölze gepflanzt werden. Selbst Regenwassertonnen mit 100 bis 200 Liter Volumen können auf dem Balkon platziert werden. Auf ebenerdigen Terrassen spielt die Größe keine Rolle.

Bei Balkonen könnte aufgrund schwerer Gefäße die Traglast überschritten werden. Es lässt sich näherungsweise berechnen, wie viel Gewicht Gefäße, Erde, Pflanzen, Wasser und Personen zusammen haben und wie stark sie eine definierte Fläche (m^2) belasten.

Da bei **Altbauten** die Balkone angehängt wurden, beträgt die Traglast hier einschließlich Personen bis zu 150 kg/m². Kommen zu den am Boden aufgestellten Gefäßen noch Kästen hinzu, die an die Balkonbrüstung gehängt werden, muss auch deren Gewicht berücksichtigt werden. Handelt es sich um einen **Neubau**, wurden die Balkone mit dem Fußboden durchbetoniert und haben deshalb eine Traglast bis zu 250 kg/m² einschließlich Personen.

Regenwassertonnen sind im Klimawandel wichtig.

Die Auswahl geeigneter Pflanzgefäße

Wünschen Sie sich auch nachhaltige, langlebige, leicht zu bewegende, gut kombinierbare, ästhetisch ansprechende und nicht zu teure Gefäße? Setzen Sie Prioritäten, was für Ihre Auswahl am wichtigsten ist. Die folgenden Kriterien sollen Sie bei Ihrer Entscheidung unterstützen.

Kunststoff

Vorteil:

- wenig Gewicht, gut zu handhaben und auf Rolltellern leicht zu verschieben
- Preisniveau niedrig, wobei es auch Gefäße gibt, die aufwendiger produziert (doppelwandig, lang haltbar, frostsicher) und entspr. teurer sind

Nachteil:

- Kunststoff ist ein Erdölprodukt und enthält Weichmacher (der Vermerk PP, Polypropylen, kennzeichnet Produkte ohne Weichmacher), Entsorgung daher problematisch.

Nett anzusehen, aber wenig nachhaltig

Suboptimaler Kunststoff

Flower-Bridge-Balkonkästen werden über das Balkongeländer bzw. die Balkonbrüstung gestülpt und sind in vielen bunten Farben erhältlich. Empfehlenswert sind auch sie nicht; abgesehen davon, dass auch sie aus Kunststoff bestehen, ist der Wurzelraum viel zu klein, sodass ständig gegossen werden muss. Auch **Maurerkübel** aus schwarzem Kunststoff, die man im Baumarkt bekommt, sind vollkommen ungeeignet für den Anbau von Salaten, Gemüse bzw. generell für Selbstversorger; sie enthalten sehr viele Weichmacher, die von den Pflanzen aufgenommen werden.

Eternit

Vorteil:

- Eternit wird aus Zement, Kalksteinmehl, Luft und Wasser hergestellt und ist für Pflanzen unproblematisch.
- Das Material ist lange haltbar und recycelbar bzw. kann über den Bauschutt entsorgt werden.
- Gefäße sind in vielen Größen und Formen erhältlich.

Nachteil:

- Eternitgefäße haben ein großes Gewicht und sind teuer.
- Die grauen oder schwarzen Kästen absorbieren viel Wärme.

VORSICHT

Eternitgefäße, die vor (über) 25 Jahren hergestellt wurden, enthalten **Asbest**. Gefäße aus diesem Material dürfen keinesfalls in die Restmülltonne, sondern müssen als Sondermüll entsprechend entsorgt werden.

Holz ist ein gutes Material für Hochbeete.

Holz

Vorteil:

- je nach Holzart lange haltbar, frostbeständig
- Holz ist eine nachwachsende Ressource, CO_2-neutral (sofern einheimisch), recycel- oder kompostierbar.
- Holzgefäße sind in vielen Größen erhältlich.
- natürliches Aussehen

Nachteil:

- hohes Gewicht: Große Hochbeete erfordern dicke Bretter, um formstabil zu sein.
- Außenseite sollte geölt werden, eine innenseitige Noppenfolie erhöht ebenfalls die Haltbarkeit.
- Schöne, besondere Holzgefäße wie alte Eichenfässer sind teuer.

VORSICHT

Achten Sie beim Kauf von Materialien aus Holz darauf, keine Gefäße zu kaufen, die **kesseldruckimprägniert** sind. Bei diesem Holz werden bei der Imprägnierung gegen Fäulnis schwermetallhaltige Salze und eine Vielzahl anderer gesundheits- und umweltschädlicher Stoffe unter hohem Druck in das Holz gepresst. Durch Regen können die Stoffe ausgewaschen werden und landen im Boden. Die grüne Farbe stammt von Chrom und Kupfer, die als giftig bzw. erbgutschädigend gelten. Dieses Material muss über den **Sondermüll** entsorgt werden. Häufig werden kesseldruckimprägnierte Komposter und Terrassenpflanzgefäße im Baumarkt angeboten.

Fiberglas

Vorteil:

- langlebiges Material, frostsicher und UV-beständig, formbeständig bei Hitze und Kälte
- geringes Eigengewicht

Nachteil:

- hohe Anschaffungskosten
- Recycling des Materials ist energieaufwendig.

Glasierte Gefäße sind schön, langlebig und ökologisch.

Glasierte Gefäße

Vorteil:

- formschön, harmonische Farben
- langlebig, frostsicher

Nachteil:

- hohes Eigengewicht

Terrakotta

Vorteil:

- ästhetisches Naturmaterial
- recycelbar, gut zu entsorgen (Bauschutt)

Nachteil:

- Kurzlebig, unglasierte Terrakottagefäße sind nicht frostsicher, da sie zu niedrig gebrannt sind
- hohes Gewicht
- hohe Verdunstung und Austrocknung der Erde

Terrakotta-Gefäße als Hingucker

Cortenstahl

Vorteil:

- ästhetisch und schnörkellos schön
- langlebig und recycelbar
- im Schattenbereich auch als Hochbeet verwendbar

Nachteil:

- Dunkle Farbe absorbiert Wärme.
- Material hinterlässt anfänglich rostfarbene Flecken auf Böden.
- sehr hohe Anschaffungskosten

Zinkblech

Vorteil:

- niedriges Gewicht, kostengünstig
- recycelbar, oft secondhand
- optisch ansprechend, nostalgischer Charme

Nachteil:

- Metall leitet Kälte und Wärme, Frostschutz nötig
- Beschädigte Oberfläche kann Zinkionen freigeben, die von Pflanzen aufgenommen werden, deshalb ist Teichfolie zu empfehlen.
- umweltbelastender Herstellungsprozess

TIPP

Wenn Sie unsicher sind, ob Sie Gemüse in der **Zinkwanne** anbauen wollen, nutzen Sie die Wannen als Pflanzgefäß für Wildblumen oder Stauden (auch wenn Sie dann Löcher in den Boden bohren müssen, um Staunässe zu verhindern). Ganz unbeschadet bleibt die Wanne, wenn Sie einen **Miniteich** anlegen. Je nach Größe und Tiefe kann eine Miniseerose Platz finden oder Schwimmpflanzen.

Aus Zinkwannen wird rasch ein Teich.

Emaille

Vorteile:

- ästhetisch, langlebig
- geringes Eigengewicht
- nostalgischer Charme

Nachteile:

- kleine Gefäße
- keine Abflusslöcher vorhanden;
- empfindlich gegen Stöße, Beschichtung platzt schnell ab.

TIPP

Kaufen Sie möglichst Produkte ohne Weichmacher aus **Polypropylen** (PP-Aufdruck an Kübelunterseite beachten). Vermeiden Sie Töpfe aus **PVC**, da diese in der Herstellung und Entsorgung problematisch sind. Entscheiden Sie sich nach Möglichkeit für Balkongefäße aus Naturmaterialien.

Mit kreativen Ideen in die Vertikale

Auf der begrenzten Grundfläche von Balkon und Terrasse ist es sinnvoll, die Vertikale mit auszunutzen. Sie können Beete als Vertikalbeete in die Höhe ziehen oder in Pflanztaschen oder Hängeampeln einsetzen. Preiswerte Pflanzgefäße lassen sich mit ausrangierten Haushaltsgefäßen oder Verpackungsmaterialien finden.

Vertikalbeete

Mit Vertikalbeeten nutzen Sie den wenigen Platz auf dem Balkon am besten aus. Auf mehreren Etagen übereinander können Sie dort sogar Pflanzen mit längeren Wurzeln unterbringen. Sie lassen sich aus Holz selbst herstellen, im Handel gibt es unterschiedliche Modelle aus Metall und Kunststoff. Am besten geeignet sind die Modelle, die einen »durchgehenden Erdkörper« aufweisen, sodass die Wurzeln viel Platz haben und weniger schnell austrocknen.

Salate, innovativ gepflanzt

Vertikalbeete: viel Platz auf wenig Raum

Pflanztaschen zum Aufhängen an der Wand

Pflanztaschen aus Resten von Handtüchern, Schürzen oder Hosen lassen sich selbst herstellen und die Größe für die einzelnen Pflanzen selbst bestimmen. Für größere Pflanzen oder Starkzehrer ist das kleine Volumen nicht geeignet, für Schwachzehrer sind Pflanztaschen jedoch ausreichend.

Damit beim Gießen Wasser, Erde und Nährstoffe nicht ausgeschwemmt werden, sollte unbedingt eine Folie verwendet werden. Ich würde keine Löcher in die Unterseite stechen, da das Wasser die Wand, an der die Pflanztaschen hängen, verschmutzen würde. Deshalb muss darauf geachtet werden, ob genügend oder zu viel Feuchtigkeit in der Pflanztasche ist.

Mit Hängeampeln den Raum ausnutzen

Hängeampeln

Um den Balkon optimal auszunutzen, können Sie auch in luftiger Höhe gärtnern. Vogelmiere, Gundermann, Thymian, Lavendel, Kapuzinerkresse und viele Polsterstauden lassen sich gut in Hängeampeln unterbringen. Ein Nachteil ist, dass das wenige Substrat durch Wind und Sonne schnell austrocknet. Optimal sind daher ein gut wasserspeicherndes Pflanzsubstrat und ein gewisser Wasservorrat im Boden der Hängeampel.

Um eine Ampel leichter gießen zu können, gibt es im Handel einen absenkbaren Pflanzenaufhänger speziell für Hängekörbe.

Helle Kästen verhindern hohe Erdtemperaturen.

Geeignete Gefäße für den Balkon

Der Klimawandel beschert uns in Zukunft sehr heiße und trockene Sommer. Für nach Süden ausgerichtete Balkone kann das eine enorme Belastung bedeuten. Um die Gefäße vor Sonnenstrahlen zu schützen, sollte auf dunkle Farben verzichtet werden. Wer dunkle Gefäße besitzt, kann sie mit weißem Vlies oder Baumwolltüchern umhüllen. Eine weitere Möglichkeit ist, die Kübel mit Schilfmatten zu umwickeln. Diese sind aus natürlichem Material, das zudem hübsch aussieht.

Balkonkästen mit Wasserspeicher

Meistens werden die schmalen und langen Balkonkästen direkt an der Brüstung angebracht und bekommen so sehr viel Sonne ab. Deshalb sollten sie idealerweise über einen Wasserspeicher verfügen. Dieser kann, je nach Gefäßgröße, zwischen 3 bis 9 Liter Wasser speichern. Das funktioniert aber nicht bei Jungpflanzen, deren Wurzeln noch nicht so tief reichen. Sobald sich das Wurzelwachstum aber entwickelt hat, kann sich die Pflanze bei Trockenheit direkt aus dem

Wasserreservoir bedienen. Unterstützend kann man zusätzlich die Oberfläche mulchen, um die Verdunstung zu reduzieren.

Vor dem Bepflanzen ist darauf zu achten, dass ein Überlaufsystem bzw. Abflusslöcher vorhanden sind.

Balkonkästen ohne Wasserspeicher

Preiswerter (und leichter) sind Balkonkästen ohne Wasserspeicher. Um an heißen Tagen das Austrocknen der Erde zu verhindern, können Sie eine Tröpfchenbewässerung oder Tonkegelbewässerung installieren (s. Seite 140f.). Empfehlenswert ist es, als unterste Lage Wasser speichernde Tonkugeln einzufüllen und darüber eine Lage Vlies, damit die Erde nicht weggespült wird. Da die wenigsten Balkonkästen direktem Regen ausgesetzt sind, ist Gießen fast immer notwendig.
Bei Regen oder zu heftigem Gießen sollte das Wasser unbedingt aufgefangen werden. Einige Modelle werden dazu mit passendem Untersetzer angeboten. Wichtig ist, dass die Pflanzen nicht längere Zeit im Wasser stehen; um Staunässe zu verhindern, müssen die Wasserabzugslöcher geöffnet sein.

Tomaten pflanzen

Wenn ich Tomaten pflanze, erhält jede Pflanze ein Gefäß mit einem Erdvolumen von ca. 30 bis 40 Litern. Tomaten benötigen viel Wasser, damit sie keine **Blütenendfäule** (Calciummangel) bekommen (die Tomaten bleiben essbar und schmecken genauso gut, wenn nur das Endstück weggeschnitten wird).

Auslöser der Fäule sind meist eine zu niedrige bzw. unregelmäßige Wasserversorgung und eine zu gut gemeinte Düngung mit Stickstoff.

In das Gefäß gebe ich eine alte Erdsackfolie, die ich seitlich mit wenigen Löchern in etwa 5 cm Höhe versehe. Überschüssiges Gießwasser läuft dann erst ab, wenn am Boden mehr als 5 Zentimeter Wasser steht, und es verbleibt möglichst viel Wasser in der Erde und bei den Wurzeln. Damit keine Erde mit ausgeschwemmt wird, kann unter die Erdsackfolie ein Vlies eingebaut werden, das seitlich ca. 15 Zentimeter hochgeschlagen wird.

Tomatenparadies

Große Standgefäße, Kübel, Hochbeete

Je größer die Gefäße, umso besser gelingt das Gärtnern im Klimawandel: Die Erde trocknet nicht so schnell aus, die Pflanzen verfügen über einen großen Wurzelraum und eine gute Nährstoffversorgung. Während auf dem Balkon immer auf das Gewicht Rücksicht genommen werden muss, können Sie auf der Terrasse ohne Probleme mit großen Gefäßen gärtnern.

Upcycling für Balkongärtner*innen

TIPP

Wer sein Leben **nachhaltig** gestalten will, sollte versuchen, nicht alles neu zu kaufen. Über Kleinanzeigen lassen sich viele Gartenartikel, Gefäße, Gießkannen, Werkzeuge, Sitzmöbel und vielleicht sogar Kompost und Düngemittel kostenlos oder für wenig Geld erwerben. In vielen Städten gibt es »Sozialkaufhäuser« oder Verkaufsstellen an Wertstoffhöfen. Es macht Spaß, alten Gefäßen und Geräten für den Gartenbedarf ein zweites Leben zu bescheren.

Ein Hochbeet anlegen

Hochbeete sind voll im Trend. Das ist nicht verwunderlich, da sie so viele Vorteile haben, besonders wenn kein Garten zur Verfügung steht. Das große Volumen ist ideal für kleine Zwergobstbäume, Obststräucher, Tiefwurzler und Starkzehrer geeignet. Die Pflanzen können sich gut entwickeln und ein gesundes Wurzelsystem ausbilden.

Bei wenig Platz gibt es auch Balkonhochbeete aus Holz oder Kunststoff in quadratischen oder rechteckigen Formen zu kaufen. Sie stehen auf Füßen, und die Pflanztiefe beträgt dann etwa 30 bis 60 Zentimeter. Diese Miniversionen von Hochbeeten haben ein geringes Eigengewicht. Ähnlich wie bei den Balkonkästen lassen sich bei Gefäßhöhen von 30 cm aber auch nur kleinere Pflanzen anbauen.

Im Fachhandel gibt es Hochbeete aus den unterschiedlichsten Materialien, die meistens sehr teuer sind. Mit etwas handwerklichem Geschick kann man sich aus preiswerten Materialien aber auch selbst ein Hochbeet bauen.

Vorteile von Hochbeeten gegenüber Pflanzkübeln:

- Sie lassen sich rückenschonend(er) bewirtschaften.
- Sie sind äußerst langlebig, nachhaltig und pflegeleicht.
- Die Erde kann Wasser länger speichern.

- Nährstoffe bleiben länger erhalten.
- Der Gießaufwand ist geringer.
- Die Pflanzen sind näher am Licht.

VORSICHT

Wenn Sie Ihr **Hochbeet selbst bauen** (Länge 120 bis 200 cm/ Breite 80 bis 100 cm/ H 60 bis 100 cm), dürfen die Bretter nicht zu dünn sein (mind. 3 bis 4 cm stark), sonst drückt das Gewicht der Erde die Bretter an den Längsseiten nach außen aus der Fixierung.

Materialbedarf für ein großes Hochbeet

Für das Hochbeet, wie ich es seit vielen Jahren nutze, benötigen Sie sehr viel Material. Das große Hochbeet eignet sich aufgrund der Befüllung und des Gewichts eher für größere Balkone und Terrassen.

Nachdem ich seit vielen Jahrzehnten meinen Balkon wie auch meine Gärten nach **Permakulturprinzipien** gestalte und bepflanze und Hügel- und Hochbeete angelegt habe, möchte ich Ihnen gerne meine Erfahrung dazu weitergeben. Meine Hochbeete sind nach dem Prinzip eines Hügelbeets aufgebaut, allerdings mit einigen Veränderungen.

Ein Hochbeet mit den Maßen L 120 / B 100 / H 100 entspricht einem Volumen von 1.200 Litern. Bei einem Volumen von 70 Liter für einen großen Standarderdsack müssten Sie also ca. 17 Säcke Pflanzerde besorgen. Zum Glück ist das nicht nötig, und Sie können einen großen Teil mit organischen Materialien befüllen, die später in Humus umgesetzt werden. Wie beim Kompostieren verändert sich das Material im Laufe des Jahres, sodass regelmäßig Erde und Substrat nachgefüllt werden müssen.

Beim Gärtnern ohne Garten ist das Beschaffen dieser organischen Materialien nicht ganz einfach. Vielleicht kennen Sie jemanden, der einen Garten hat und Ihnen mit Material aushilft, oder Sie wenden sich an einen Kleingartenverein. Der Grünschnitt von Gemeinden und Privatgärten wird sonst überwiegend zu Recyclinghöfen oder Grüngutsammelstellen gefahren. Im Herbst und Frühjahr fällt der meiste Gehölz- und Strauchschnitt an. Daher ist das auch die beste Zeit, um ein Hochbeet zu befüllen.

Baumschnitt

Für die Befüllung benötigen Sie also eine Auswahl der folgenden Materialien:

- frischer Baum- oder Strauchschnitt: sehr dicke Äste mit einem Durchmesser von 10 bis 15 cm
- Laub, Grasschnitt (von ökologisch unbelasteten Flächen) oder Holzhäcksel
- organische Düngemittel wie Kompost, Mist vom Biobauern, Schafwolle, Bokashi, Wurmhumus
- Urgesteinsmehl, Hornspäne, Bentonit
- zwei Lagen Vlies, jeweils mindestens 60 Zentimeter länger als das Hochbeet
- Blähton
- und nicht zuletzt natürlich torffreie Erde.

Was darf nicht ins Hochbeet:

- Weiden- und Haselnusszweige und -äste, Efeu (treiben wieder)
- Eiben und Thuja sondern giftige Stoffe ab, die das Pflanzenwachstum hemmen.
- frische Wurzeln von Giersch, Brennnesseln oder Ausläufer treibender Wildpflanzen
- Essensreste

TIPP

Verwenden Sie keinen **Mist** aus konventioneller Landwirtschaft. Das Stroh, das darin enthalten ist, wurde meist mit **Halmverkürzungsmitteln** gespritzt. Diese Stauchungsmittel verhindern das Strecken von Pflanzen und verbleiben in der Erde; Ihre Bohnen, Kürbisse und Zucchini verbleiben daher ebenfalls im gestauchten Zustand. Mist von Bioland-, Naturland- oder Demeter-Betrieben reichert die Erde hingegen mit wertvollen Stoffen an und belebt diese, da im Biomist eine riesige Anzahl an Mikroorganismen lebt.

Hochbeete zusammenzubauen und zu befüllen ist aufwendig, schafft aber neue Optionen.

Befüllung eines großen Hochbeets aus Holz

1. Bauen Sie als Erstes Ihr Hochbeet zusammen, und tackern Sie an den Innenseiten Noppenfolie oder eine PVC-freie EPDM-Folie an. Die Noppen sollten zur Holzseite zeigen, damit die Luft dazwischen gut zirkulieren kann. Das verlängert die Lebenszeit des Hochbeetes ganz entscheidend. Ein Hochbeet ohne Erdkontakt, wie das auf der Terrasse der Fall ist, benötigt einen sehr stabilen Boden, der besonders gut vor Feuchtigkeit geschützt werden sollte. Prüfen Sie von Zeit zu Zeit, ob das Holz noch intakt ist.

   Damit das Hochbeet nicht direkt auf dem Balkonboden aufliegt (vor allem bei Holzmaterial), stellen Sie es auf Rollteller oder Keramik-/Porzellanfüße, die frostsicher sind. Der Boden des Hochbeetes muss Abflusslöcher haben.
2. Sägen Sie die dicken Äste (Durchmesser 10 bis 15 cm) möglichst in kurze Stücke mit einer Länge von 30 bis 50 cm. Sie benötigen so viele dicke Äste, wie Sie dicht nebeneinander auf den Gefäßboden schichten können. Für das große Hochbeet sollten zwei bis drei Lagen geschichtet werden. Das Holz sollte immer eng und parallel liegen. Je niedriger das Hochbeet ist, umso weniger Äste haben Platz; in diesem Fall sollten die dicken Äste nur 10 cm Durchmesser haben, sodass zwei Lagen übereinandergelegt werden.
3. Wässern Sie die Äste und Zweige so lange in einer großen Wanne, bis sie sich vollgesogen haben; bei trockenem Holz dauert das mehrere Stunden.
4. Legen Sie auf den Boden ein bis zwei Lagen Vlies und tackern Sie die Ränder an allen Innenwänden bis zu einer Höhe von mindestens 30 Zentimeter an. Das Vlies verhindert, dass Erde mit ausgeschwemmt wird. Darauf kann – muss aber nicht – eine ca. 3 bis 5 cm dicke Schicht Blähton aufgebracht werden und darüber noch mal Vlies legen. Das garantiert, dass die Abflusslöcher nicht mit feinster Erde verstopft werden.
5. Die gewässerten Äste werden eng aneinander in zwei bis drei Schichten der Länge nach parallel auf das Vlies gelegt, bis diese eine Höhe von etwa 20 bis 25 cm erreicht haben.
6. Darüber legen Sie dünne Zweige. Die Lücken können Sie mit Laub, Grasschnitt und Erde auffüllen. Rütteln Sie zwischendurch gut an den Ästen, damit keine Lücken entstehen.
7. Bringen Sie als oberste Schicht die Pflanzerde in das Hochbeet, und vermischen Sie die Erde mit Urgesteinsmehl, Kompost, Hornspänen oder Bokashi als Startdünger.

Was ist das Erfolgsgeheimnis der Hügelbeetschichtung im Hochbeet?
Die gewässerten dicken Äste speichern Wasser und versorgen die Erdschichten mit Feuchtigkeit. Durch Gieß- und Regenwasser nimmt das Holz immer wieder Wasser auf und gibt es bei Hitze und Trockenheit über die Kapillarwirkung wieder an die Erde und Wurzeln ab. Das Prinzip funktioniert aber nur bei regelmäßiger Bewässerung. Da Pflanzenwurzeln auf der Suche nach Wasser in die Tiefe wachsen, ist gespeicherte Feuchtigkeit in den unteren Schichten des Hochbeets vorteilhaft.

Ohne die dicken Äste als Basis muss Ihr Beet spätestens nach 2 bis 3 Jahren neu aufgebaut werden. Mit meiner praktizierten Methode können Sie also viel Arbeit und Zeit sparen und viele Jahre erfolgreich gärtnern, ohne das Hochbeet neu anlegen zu müssen. Erde und Nährstoffe müssen natürlich ergänzt oder auch regelmäßig erneuert werden.

Bodenpflege und Bodenaufbereitung

Regenwürmer vermischen und durchlüften den Boden.

Für die Humusbildung und Bodenaufbereitung sind alle Lebewesen zuständig, die sich auf und im Boden befinden. Da die Erde in den Gefäßen auf Balkon und Terrasse keinen Kontakt und damit keinen Austausch zum gewachsenen Boden hat, muss hier besonderes Augenmerk auf die gute Pflege des vorhandenen Substrats gelegt werden. Da gekaufte Erde zur Sterilisierung meist gedämpft wird, existiert hier zunächst kein Leben mehr, und die notwendigen Mikroorganismen fehlen. Trotzdem sind Regenwürmer, Bakterien, Pilze und andere Kleinstlebewesen die Basis für einen fruchtbaren Boden. Dieses Leben müssen wir daher in unsere isolierten Behältnisse wieder einbringen.

Gesunder Boden, gesunder Mensch

Verschiedene wissenschaftliche Untersuchungen belegen, dass ein steriler Boden gesundes Pflanzenwachstum behindert. Für eine positive Entwicklung ist ein Netzwerk von Mikroorganismen, Bakterien, Viren und Kleinstlebewesen notwendig.

Das Mikrobiom im menschlichen Darm ist in den letzten Jahrzehnten aufgrund der Umweltbedingungen und unserer Ernährungsweise mit industriell veränderten Lebensmitteln ähnlich reduziert wie das Mikrobiom in der Natur und im Boden. Das hat natürlich Auswirkungen auch auf unsere Gesundheit. Durch gesunde, biologische und abwechslungsreiche Ernährung, etwa mit Gemüse und Hülsenfrüchten, unterstützen wir unser körpereigenes Mikrobiom.

Auch für den Gartenboden gilt, je vielfältiger das Mikrobiom zusammengesetzt ist, desto besser für die Pflanze. Tee aus Kompost oder Misten bereichert und aktiviert Bodenleben, Wurzelwachstum und Nährstoffaufnahme. Als Vorsorgemaßnahme im Sinne einer biologischen Stärkung der Pflanze werden Kompost- oder Kräutertees direkt aufgesprüht.

Bunt, schmackhaft, vielfältig und gesund!

Durch den Klimawandel stehen wir vor der Herausforderung, unseren Boden trotz lang anhaltender Hitze und Trockenheit dazu zu bringen, Wasser und Nährstoffe möglichst gut zu speichern. Ein humusreicher, gut mit organischem Dünger versorgter Boden ist die Grundlage für gesundes Wachstum unserer Pflanzen. Da wir in den Balkongefäßen ganzjährig säen, pflanzen und ernten, wird Humus permanent abgebaut. Man erkennt dies daran, dass die Erde immer weniger wird; vor allem Starkzehrer wie Kartoffeln, Tomaten und Kohlgewächse verbrauchen sehr viele Nährstoffe.

Humusaufbau gehört daher zu den wichtigsten Aufgaben beim Gärtnern in Kübeln, Kästen und Hochbeeten.

Gekaufte Erden beleben

Jede Erde, jedes Substrat und jeder Boden lässt sich mit gezielten Maßnahmen verbessern. Gekaufte Erde ist gedämpft, erhitzt und somit frei von Leben, frei von den so wichtigen Mikroorganismen. Aus jahrelanger Praxis und durch zahlreiche wissenschaftliche Studien wissen wir aber, dass Pflanzen immer dann gesund aufwachsen, wenn der Boden bzw. die Erde lebendig ist. Pilze, Bakterien, Insekten, Würmer – alle Bodenlebewesen sind im ständigen Austausch mit den Pflanzenwurzeln, bilden Symbiosen, kommunizieren miteinander und tauschen Nährstoffe, Zucker und Wasser aus.

Maulwürfe schaufeln Erde nach oben.

Speziell in großen Gefäßen oder Hochbeeten ist es sinnvoll, den Boden zu beleben, da hier meist große Mengen gekaufter Erde verwendet werden. Folgende Möglichkeiten haben Sie hierzu:

Maulwurfshügel

1. Mischen Sie die gekaufte Erde mit einer Handvoll gewachsener Erde aus der Natur. Die darin enthaltenen Bodenlebewesen werden die

gekaufte Erde besiedeln und sich positiv auf die Bodenqualität auswirken. Wichtig: Verwenden Sie keine Erde von Flächen der konventionellen Landwirtschaft, die mit Pestiziden wie Glyphosat belastet sind.

2. Komposterde

Gekaufte Komposterde ist ebenfalls durch Erhitzung sterilisiert. Lassen Sie sich von Bekannten oder Freunden am besten einen Eimer Gartenkompost schenken.

Von reifem Kompost spricht man, wenn das organische Material vollständig umgesetzt ist. Diese Erde ist dunkel und feinkrümlig, enthält keine erkennbaren Pflanzenreste und riecht angenehm nach Humus. Käfer, Kompostwürmer und andere Kleinstlebewesen sind in reifer Komposterde nicht mehr anzutreffen, denn sie haben ihre Arbeit getan. Für 20 Liter (gekaufte) Erde benötigen Sie etwa eine Tasse Komposterde. Bei diesen kleinem Kompostgaben geht es in erster Linie um die Bodenbelebung.

3. Wurmhumus

Wurmhumus erhält man, wenn man die eigenen Bioabfälle in einer Wurmkiste kompostiert. Diese Methode eignet sich besonders gut für Balkon und Terrasse, denn sie benötigt nicht viel Platz. Ähnlich wie in einen Komposthaufen im Garten können Sie Ihre eigenen Gemüse- und Salatreste in die Wurmkiste geben.

Wurmhumus ist jedoch kein Kompost. Der Gartenkompost durchläuft mehrere Phasen und entwickelt Temperaturen bis zu 60 °C. Dadurch werden viele Keime, Krankheiten und Samen abgetötet. In der Wurmkiste unterbleibt dies, das Milieu ist weitgehend stabil.

Aus 10 Kilo Bioabfall entstehen in wenigen Wochen ca. 1,5 Liter hochwertigster Wurmhumus, der sofort einsetzbar ist und als natürlicher Bodenaktivator fungiert. Seine positive Wirkung zeigt sich schon nach 2 bis 3 Wochen, z. B. durch starkes Wachstum und gute Blütenbildung. Dabei werden auch Krankheiten und der Befall von unerwünschten »Mitessern« an den Blättern oder an der Wurzel unterdrückt.

Wurmkiste neben Kleinsthochbeeten

Geben Sie den Wurmhumus (den Sie auch im Fachhandel bekommen) direkt bei der Pflanzung mit ins Pflanzloch: Für etwa 20 Liter Erde bei Starkzehrern ca. 200 Gramm, bei Mittelzehrern 100 und bei Schwachzehrern 50 Gramm.

4. Wurmtee

In der Wurmkiste werden die Kompostwürmer mit organischen Küchenabfällen gefüttert.

Gemüse, Obst und Salate enthalten mindestens 90 Prozent Wasser, das sich in der Wurmkiste in einem unter dem Boden angebrachten Behälter sammelt. Diese Flüssigkeit, die mit einem Ablaufhahn entnommen werden kann, ist ein hervorragender Biodünger. Wurmtee entsteht dadurch, dass die Bioabfälle in der Wurmkiste von Bakterienkulturen und Kompostwürmern zersetzt und letztendlich in Humus und Pflanzensickersäfte umgewandelt werden. Die hochwertige Flüssigkeit ist ein hervorragender Pflanzendünger für Zimmer- und Balkonpflanzen und aktiviert ebenfalls das Bodenleben mit Mikroorganismen, Spurenelementen und Nährstoffen wie Phosphor, Stickstoff, Kalium, Calzium und Magnesium.

Der konzentrierte Wurmtee sollte im Verhältnis 1:5 verdünnt werden.

5. Komposttee

Eine weitere Variante der Bodenbelebung und der Förderung der Pflanzengesundheit ist Komposttee. Dieser wird auf den Boden wie auch auf die Pflanzen gesprüht. Neben Kompost kann auch Mist von Pferden, Kühen, Geflügel oder Schafen aus ökologischer Tierhaltung (Bioland, Naturland, Demeter) verwendet werden (s. Seite 105).

Mischen Sie dazu etwa 1 Liter Reifekompost mit 10 Liter Wasser, am besten Regenwasser, und lassen Sie die Mischung 1 bis 2 Tage stehen. Gießen Sie das Produkt anschließend durch ein Sieb, bzw. verwenden Sie einen Kaffeefilter, wenn Sie den Tee via Sprühflaschen aufbringen wollen. Auf keinen Fall sollten Sie den Tee erhitzen.

Alternativ kann der Kompost auch in ein Tuch gefüllt und dann in einen Wasserkübel gehängt werden; das Wasser dazu immer wieder umrühren. Mit dieser Variante erspart man sich das Filtern. Der Kompost sollte dann aber etwas länger im Wasser verbleiben und fest ausgedrückt werden. Wenn Sie möchten, können Sie in das Kompostwasser Urgesteinsmehl geben. Der Komposttee ist sofort anwendbar und sollte innerhalb weniger Tage verbraucht werden. Mistkomposte sind besonders reich an Mikroorganismen.

6. Kräutertee

Aus Wild- und Heilkräutern kann man, ähnlich wie beim Komposttee, ganz einfach ein Mittel zur Bodenbelebung herstellen. Mit Brennnessel, Löwenzahn, Giersch, Beinwell, Schafgarbe, Spitzwegerich und Kamille wirkt der Tee wie eine Bodenkur. Rainfarn und Acker-Schachtelhalm eignen sich hervorragend als Pflanzenschutzmittel. Zur Herstellung des Tees können Sie frische, klein geschnittene oder getrocknete Pflanzen verwenden.

Mit Tee aus Kamille und Giersch Pflanzen schützen

7. Urgesteinsmehl

Urgesteinsmehl wird im Handel in unterschiedlichen Mengen angeboten. Es wird entweder aus Granit oder Basalt hergestellt und ist ein wahrer Tausendsassa. Bei jeder Pflanzung und bei jeder Erdmischung füge ich Urgesteinsmehl dazu, das wichtige Mineralstoffe wie Magnesium, Calzium, Eisen und Kalium sowie einige Spurenelemente wie Molybdän und Mangan enthält. Die Bodenqualität verbessert sich, und das Wurzelwachstum der Pflanzen wird gefördert. Aufgrund der ebenfalls enthaltenen Kieselsäure werden Pflanzen viel widerstandsfähiger gegenüber tierischen Fraßfeinden, saugenden Insekten und Pflanzenkrankheiten.

8. Effektive Mikroorganismen (EM)

In allen Böden befindet sich eine bisher unbekannte Anzahl verschiedenster Mikroorganismen. EM ist eine Mischung verschiedener aerober und anaerober Mikroorganismen, die von dem japanischen Professor **Teruo Higa** entwickelt wurde.

In den käuflichen Produkten befinden sich nur die wichtigsten Vertreter wie Milchsäure- und Photosynthesebakterien, dazu Hefen. EM-Mittel, die im Handel angeboten werden, gibt es für unterschiedliche Anwendungen, z. B. als Haushaltsreiniger, für den Gartenteich, als Fermentationshilfe und natürlich zur »klassischen« Verwendung im Garten. Die Effektiven Mikroorganismen werden auf die Erde gegossen oder direkt auf die Pflanzen gesprüht, entweder als vorbeugende Maßnahme oder bei Krankheiten.

Bisher wurden die positiven Wirkungen der EM in keiner wissenschaftlichen Studie nachgewiesen. Viele Gärtnerinnen und Gärtner schwören dennoch auf ihre Anwendung.

Boden bearbeiten

Mit der richtigen Bodenbearbeitung werden Ihre Pflanzen optimal mit Wasser und Nährstoffen versorgt und machen an heißen Tagen nicht so schnell schlapp. Kennen Sie den Spruch »Einmal hacken spart dreimal gießen«? Ein Boden mit aufgelockerter Oberfläche kann Gießwasser viel besser aufnehmen. Besonders an heißen Tagen verdunstet dadurch weniger Wasser. Flachwurzler vertragen Grubberarbeiten nicht. Statt dessen lieber mehr Mulchen.

Handgrubber sind bei Hochbeeten nützlich.

Grubbern/hacken

Gärtnern Sie nur in kleinen Töpfen und Kübeln auf Ihrem Balkon? Dann ist eine alte Gabel vollkommen ausreichend und das ideale Werkzeug zum Auflockern der Erdoberfläche. Für das Hochbeet ist ein Handgrubber besser geeignet, um die oberen 2 bis 3 cm vorsichtig aufzurauen. Dadurch werden die Verdunstungsbahnen, die sogenannten Kapillaren, unterbrochen, und der Wasserverlust verringert sich. In kleinen Balkonkästen und besonders bei Flachwurzlern muss äußerst vorsichtig vorgegangen werden, damit der Wurzelbereich nicht verletzt wird. Gießen und düngen Sie anschließend, und decken Sie die Oberfläche am besten mit Mulchmaterial ab, damit der positive Effekt länger anhält.

Mulchen

Um den Boden vor Austrocknung zu schützen und die Oberfläche locker zu halten, sollten Sie alle offenen Stellen zwischen den Pflanzen mulchen. Oft kann man sich dadurch das Hacken sparen. Ein gut gemulchter Boden fördert die Bodenlebewesen, die das organische Material zersetzen. Daher muss das Mulchmaterial auch regelmäßig neu nachgefüllt werden. Da das gesamte Substrat im Hochbeet durch die Umsetzungsprozesse im Laufe des Jahres absackt, kann der Mulch bereits ein paar Zentimeter ausgleichen und die Erde mit neuen Nährstoffen versorgen.

Mulchen mit Stroh

Mulch dient auch als moderater Schutz gegen Kälte, wenn Sie rund ums Jahr gärtnern.

Als Mulchmaterial eignen sich nahezu alle organischen Materialien wie Laub, biologisches Heu oder Stroh, Grasschnitt, frische oder getrocknete Pflanzenabfälle, Holzhäcksel, Holzmehl und Holzspäne. Besonders bewährt hat sich unbehandelte Schafwolle (Rohwolle). Sie schützt den Boden vor Kälte, ergibt sehr gute Erde und ist ein wertvoller Dünger. Darüber hinaus speichert sie die Bodenfeuchtigkeit besonders gut.

Eine Variante des Mulchens ist die Flächenkompostierung (s. Seite 102). Wenn mir zu wenig Mulchmaterial zur Verfügung stand, habe ich meine Küchenabfälle wie Teereste, Kaffeesatz, Bananenschalen, Gemüseschalen und -blätter auf die Erde gegeben. Sommerliche Temperaturen beschleunigen den Zersetzungsprozess der organischen Materialien. Bei Regenwetter kann Schimmel entstehen.

Alle biologischen Abfälle, die als Mulchmaterialien verwendet werden, schützen die Erde vor starker Sonnenstrahlung und damit vor zu starker Austrocknung. Sie beleben die Erde und sind zugleich Dünger.

TIPP

Als Mulchmaterial für Pflanzen mit geringem Nährstoffbedarf können Sie feinkörnigen Kies, Ziegelsplitt und Blähton verwenden. Die Schicht sollte allerdings nicht zu dick werden, um den Boden nicht zu verdichten.
Ungeeignet ist hingegen **Rindenmulch**, der oft als Mulchmaterial angeboten wird, da er der Erde bei der Umsetzung Stickstoff entzieht. Rindenmulch enthält viele keimhemmende Gerbstoffe, die das Wurzelwachstum von Gemüsepflanzen hemmen. Mulchen Sie keine Aussaatschalen, da die Samen sonst nicht keimen können.

Gründüngung

Gründünger hat viele positive Eigenschaften. Er reichert den Boden mit Nährstoffen an, lockert und beschattet ihn. Aber auch als Mulchmaterial leistet Gründüngung hervorragende Dienste – besonders wenn kein Rasenschnitt oder andere organische Materialien verfügbar sind. Nutzen Sie Erntelücken aus, oder säen Sie den Gründünger im Herbst auf frei gewordene Flächen.

Phacelia oder Bienenfreund

Phacelia macht müde Böden wieder munter

Bereits im 12. Jahrhundert wurde in den Klostergärten Gründüngung praktiziert und für die Bodenpflege eingesetzt. Phacelia, auch **Bienenfreund** genannt, gehört zur Familie der Raublattgewächse (Boraginaceae) und verträgt sich daher gut mit fast allen anderen Pflanzenfamilien. Die Phaceliawurzeln lockern den Boden und verbessern die Bodenstruktur. Die Pflanze ist ein ausgezeichnetes Mittel gegen Bodenmüdigkeit und Nährstoffmangel.

Phacelia kann nicht nur als Gründüngung im Herbst oder Frühjahr ausgebracht werden – sie kann auch zwischen allen anderen Pflanzen wie Rosen, Kräutern und Gemüse im Laufe des Jahres gesät werden. Weil Phacelia mit keiner heimischen Gemüseart verwandt ist, muss deshalb auch kein Fruchtfolgewechsel berücksichtigt werden.

Gründüngung hat viele Vorteile:

- schnelle Keimung und Bodenbeschattung
- Humusbildung und Nährstoffanreicherung für Folgekulturen
- Verhinderung von Erosion durch Wind und Niederschlag
- Erhalt der Krümelstruktur durch Bodenlockerung
- Erhöhung der Wasserspeicherfähigkeit des Bodens
- Regulierung von Temperaturschwankungen im Bereich der Bodenoberfläche
- Förderung der Bodenlebewesen
- Verhinderung von Stickstoffauswaschung

Die meisten Gründüngungspflanzen sind auch für Balkon und Terrasse geeignet. Besonders im Herbst können Sie noch Gelbsenf, Inkarnatklee, Perserklee und Phacelia aussäen. Diese Pflanzen wachsen sehr schnell und können als Mulchmaterial dienen. Bei Frost frieren die Pflanzen ab und schützen den Boden im Winter vor Austrocknung. Im Frühjahr werden die Pflanzenreste untergearbeitet und versorgen die Mikroorganismen mit Futter. Durch deren Umwandlungsprozesse stehen den neuen Pflanzen rechtzeitig Nährstoffe zur Verfügung.

Essbarer Herbstgründünger

Lassen Sie die Erde Ihres Hochbeets im Winter nicht unbedeckt. Feldsalat und Spinat sind ideal als Gründünger geeignet, wenn die Sommergemüse bereits abgeerntet sind. Die Pflanzen durchwurzeln den Boden gleichmäßig und hinterlassen eine feinkrümelige Erde. An frostfreien Tagen können Sie sich den ganzen Winter über mit Vitaminen versorgen, ein Vlies kann dann hilfreich sein.

Blühender Sommergründünger

Zwischen den Gemüsepflanzen können Sie im Sommer blühenden Gründünger säen, wie Lupinen, Ringelblumen, Wicken, Borretsch, Malven und Buchweizen, an deren unterschiedlichen Blüten sich Biene, Hummel und Co. laben können.

Gründüngung mit Leguminosen

Wenn Leguminosen aus der Familie der Schmetterlingsblütler ausgesät werden, können sie in Symbiose mit **Knöllchenbakterien** den Luftstickstoff an ihren Wurzeln speichern. Selbst beim Verrotten der Pflanzen bleibt der Stickstoff im Boden und ist dort für andere Pflanzen verfügbar. Beliebte Leguminosen sind

Lupinen bringen Stickstoff in den Boden.

Wicken, Kleearten wie Inkarnatklee, Perserklee, Luzerne, Platterbse, Zuckererbse, Ackerbohne, Saubohne, Serradella, wovon einige in der Küche verwertet werden können.

Ackersenf

VORSICHT

Kreuzblütler wie **Ackersenf**, **Gelbsenf** oder **weißer Senf** sollten keinesfalls als Gründünger auf Hochbeete oder in Gefäße ausgebracht werden, wenn dort im nächsten Jahr Radieschen, Kohlsorten oder andere Kreuzblütler gesät oder gepflanzt werden sollen. Es besteht dann die Gefahr, dass **Kohlhernie** auftritt. Das ist eine Krankheit, die besonders die Familie der Kreuzblütler befallen kann.

Pflanzen stärken, schützen, düngen

Im Klimawandel werden Menschen, Tiere und Pflanzen vor neue Herausforderungen gestellt: Extreme Trockenheit kann sich mit langanhaltenden Regenzeiten abwechseln, wochenlange Hitze mit Temperaturen zwischen 30 und 40 °C oder Stürme, Hagel und Dauerregen belasten die Gesundheit aller Lebewesen und Pflanzen. Um bei diesen Umweltbedingungen gesunde und starke Pflanzen zu kultivieren, benötigen sie unsere Unterstützung.

Gärtnern auf dem Balkon ist, wie bereits erwähnt, für Pflanzen eine Sondersituation, da sie nicht im gewachsenen Boden gedeihen und dadurch mehr Pflege benötigen.

Ein gesunder, lebendiger Boden ist die beste Grundlage, um unsere Pflanzen zu stärken. Pflanzen können sich aber auch untereinander vor Krankheiten und unerwünschtem intensivem Insektenbefall schützen. Mit dem Wissen über ihre jeweilige Wirkungsweise können Sie Pflanzen ganz gezielt in einer Mischkultur kombinieren.

Vielfalt ist auch auf dem Balkon nützlich.

Prävention, also Vorbeugung, ist der beste Pflanzenschutz.

Sind die Pflanzen schon krank geworden, sind die Maßnahmen viel aufwendiger, langwieriger und manchmal erfolglos. Auch Pflanzen haben ein Immunsystem, welches wir fördern und stärken können. Schwache Pflanzen werden durch Krankheiten und Insektenbefall weiter geschwächt.

Zwei »Nützlinge«: Flor- (oben) und Schwebfliege.

Prävention zur Stärkung von Pflanzen

Mischkultur und der **Anbau von Begleitpflanzen** sind gute Methoden, um Pflanzen präventiv zu stärken und um die Artenvielfalt auf dem Balkon zu fördern. Ganz allgemein gilt: Je höher die Vielfalt Ihrer Gemüse und Kräuter ist, umso größer ist die Vielfalt an verschiedenen Nützlingen, die Ihre Pflanzen schützen. Sorgen Sie daher für möglichst viel Diversität auf Balkon, Terrasse und Garten: Pflanzen oder säen Sie Blumen und Heilkräuter zwischen Gemüse, Salate und Obst, bauen Sie Wildpflanzen und Kulturpflanzen gemeinsam an: Vogelmiere, Gänsefingerkraut, Gundermann, Löwenzahn, Brennnessel oder Schafgarbe können gut auf dem Balkon wachsen. Sie sind sogar um einiges anspruchsloser als unsere Kulturpflanzen. Verschiedene Pflanzenfamilien begünstigen sich untereinander wie Doldenblütler, Kreuzblütler, Korbblütler, Lauchgewächse, Lippenblütler, Rosengewächse. Auf das Prinzip der Mischkultur ist im vorigen Kapitel bereits detailliert eingegangen worden (siehe Seite 45ff.), als ökologisch vorbildliche Methode taucht sie in diesem Buch immer wieder auf.

Biodiversität gibt es auf unseren Fluren nur noch selten zu bestaunen

Liste von Pflanzen, die sich gegenseitig und vorbeugend schützen

Erdbeeren	Knoblauch, Zwiebel
Buschbohnen	Bohnenkraut, Borretsch, Dill
Erbsen	Radieschen
Gurken	Dill, Fenchel, Stangenbohnen, Zwiebeln
Kohlrabi	Bohnen, Porree (Lauch)
Kopfsalat	Bohnen, Dill, Erbsen, Kohlrabi, Radieschen
Lauch	Erdbeeren, Knoblauch
Mangold	Bohnen, Radieschen
Paprika	Brennnesseln, Petersilie, Ringelblume
Radieschen	Bohnen, Erdbeeren, Kresse, Salat
Spinat	Bohnen, Erbsen, Erdbeeren, Radieschen, Salat
Stangenbohnen	Bohnenkraut, Gurken, Ringelblumen, Salat, Studentenblumen
Tomaten	Basilikum, Oregano, Ringelblume, Studentenblume (Tagetes)
Zucchini	Basilikum, Bohnen, Kamille, Zwiebeln
Zuckermais	Bohnen, Erbsen, Gurken, Kürbis, Phacelia
Zwiebeln	Dill, Gurken, Knoblauch, Majoran (Dost), Rosen, Salat

In der nachstehenden Liste (Seite 90ff.) sind viele Kräuter aufgeführt, die ätherische Öle produzieren. Allen Pflanzen ist gemein, dass sie stark duften und damit alle möglichen Fraßfeinde abwehren können. Starke Düfte können Insekten verwirren, sodass sie ihre Lieblingspflanzen nicht gut orten können. Bienen und Hummeln werden dagegen von den Düften angezogen.

Kapuzinerkresse

Kapuzinerkresse ist nicht nur ein toller Partner für viele Gemüsepflanzen. Mitunter werden einzelne Blattstiele von schwarzen Läusen aufgesucht.
Alle Teile der Kapuzinerkresse sind essbar. Die Blätter schmecken scharf, sobald Pflanzenteile gekaut bzw. geschnitten werden.

Die Kapuzinerkresse verfügt über viele positive Wirkstoffe für den Menschen. Aufgrund der enthaltenen Senfölglykoside wirkt sie antiviral, antibakteriell und ist in der Lage, Pilze einzudämmen. Ihre Inhaltsstoffe sollen besonders bei Atemwegs- oder Harnwegserkrankungen helfen.

Bei Menschen haben folgende drei Pflanzen eine antivirale und antibakterielle Wirkung, auch gegen Pilze: die Meerrettichwurzel, der Gelbe Ackersenf – und die Kapuzinerkresse. Da sie Atemwegserkrankungen vorbeugen bzw. lindern, könnten sie vielleicht sogar vor Coronainfektionen schützen. Zudem stärkt die Kapuzinerkresse das Immunsystem aufgrund ihres hohen Vitamin-C-Gehalts.

Jede einzelne Pflanze kann krank oder angeknabbert werden; kombinieren wir sie mit Kräutern aus der nachfolgenden Liste, helfen sie sich gegenseitig. Einen klügeren Pflanzenschutz gibt es nicht.

Schafgarbe

Die vitamin- und nährstoffreiche Schafgarbe ist ein wahres Wunder. Im Beet hilft sie anderen Pflanzen, indem sie ihre Resistenz gegen Krankheiten über ihr Wurzelsystem weitergibt, in der Küche ist sie vielseitig verwendbar. Neben dem Frauenmantel ist sie eine der wichtigsten **Frauenheilpflanzen** und hilft bei Wechseljahres- und Menstruationsbeschwerden. Darüber hinaus wirkt sie antibakteriell, desinfizierend, entzündungshemmend, krampflösend und blutreinigend, lindert Akne, Bluthochdruck, Durchfall, Erkältung, Gastritis, Gicht, Rheuma und Schnupfen.

Borretsch

Geeignete Begleitpflanzen zur Pflanzenstärkung

Begleitpflanze	Wirkstoffe	Nachbarpflanze
Basilikum	ätherische Öle	schützt Tomaten vor Fraßfeinden, Gurken vor Mehltau
Bohnenkraut	ätherische Öle	verbessert Aroma und Geschmack der Bohnen, schützt vor schwarzen Läusen; Duft wirkt positiv auf alle Nachbarpflanzen
Borretsch	Schleimstoffe, ätherische Öle	Geschmacksverbesserung; schützt Kohlrabi und alle Kohlarten vor Fraßfeinden; wird im Garten und auf Terrassen wegen seiner Behaarung von Schnecken gemieden
Brennnesseln	Eisen, Silicium/ Kieselsäure	positiv für alle Kräuter mit ätherischen Ölen; steigert bei Pfefferminze und Doldenblütlern wie Engelwurz, Möhren, Sellerie, Bärwurz, Fenchel, Dill, Liebstöckl, Kümmel und Petersilie den Gehalt an ätherischen Ölen. Brennnesselmulch wirkt auf alle Pflanzen und Obstgehölze belebend; unter Apfelbäume gepflanzt, werden Äpfel haltbarer und aromatischer
Dill	ätherische Öle	zwischen alle Gemüse säen; verhindert schwarze Läuse bei Bohnen; Dill- und Möhrensamen im Verhältnis 1:4 aussäen, lässt Möhrensamen besser keimen
Estragon	ätherische Öle	verbessert das Aroma z. B. bei Buschbohnen, Erbsen, Gurken, Wintersalat
Gelbsenf	Senfölglykoside	Gründüngungspflanze, wirkt gegen Fadenwürmer (Nematoden) bei Mangold, Roter Bete, Spinat; Entgiftungspflanze für den Boden

Begleitpflanze	Wirkstoffe	Nachbarpflanze
Kresse	ätherische Öle	schützt unter Obstbäumen vor Läusen, Gelbe Rüben vor der Möhrenfliege
Kamille	ätherische Öle	erhöht die Widerstandskraft von Bohnen, Erbsen, Salaten gegen Pilzkrankheiten; begünstigt bei Tomaten das Aroma und das Wachstum
Kapuziner-kresse	Senföl-glykoside	zur Abwehr gegen alle Läuse wie Blattläuse, Blutläuse; wirkt unter Obstbäumen, Tomaten und Stangenbohnen sowie zwischen Kohlgewächsen; Senfölglykoside schützen vor Fraßfeinden und Parasiten
Kerbel	ätherische Öle	fördert das Wachstum von Salaten und Kohlrabi; schützt vor Mehltau und vor Läusen (alle Pflanzen)
Knoblauch	ätherische Öle, Schwe-felverbin-dungen	verhindert Schimmelbildung bei Erdbeeren; hält Möhrenfliege ab; verhindert Kräuselkrankheit bei Pfirsich und Nektarine
Petersilie	ätherische Öle	verhindert Fraßfeinde bei Aussaat mit Radieschensamen; verbessert Aroma von Tomaten
Ringelblume	ätherische Öle	verhindert Fadenwürmer (Nematoden), kann immer ausgesät werden, passt zu allen Pflanzenfamilien; fördert die Erträge und verhindert Tomatenkrankheiten
Salbei	ätherische Öle	hält Kohlweißling ab sowie Schnecken auf der ebenerdigen Terrasse

Salbei

Begleitpflanze	Wirkstoffe	Nachbarpflanze
Schafgarbe	ätherische Öle	Sie ist resistent gegen alle Krankheiten; gibt diese Fähigkeit über ihr Wurzelsystem an andere Pflanzen weiter
Schnittlauch	Senföle	hält, neben Möhren gepflanzt, Möhrenfliege ab
Tagetes	Cumarin, Gerbsäure, ätherische Öle	wirkt bei Wurzelfäule und Kümmerwuchs gegen Fadenwürmer; hält Möhrenfliege ab, schützt vor Kohlhernie
Waldmeister	Cumarin	Unter Obstbäumen, vor allem unter Kirschen, gepflanzt, fördert er die Fruchtbarkeit und Widerstandskraft gegen Krankheiten und Fraßfeinde
Wermut	ätherische Öle	Wermut möglichst alleine pflanzen, da er das Wachstum anderer Pflanzen behindert; neben Schwarzer Johannisbeere gepflanzt, schützt er vor Säulenrost

Waldmeister

Schutz vor Krankheiten und anderen Gartenplagen

Der Klimawandel setzt unsere Pflanzen weltweit unter Druck. Krankheitserreger können sich ganz besonders in Monokulturen übermäßig ausbreiten und eine ganze Pflanzenart zum Aussterben bringen. Wenn wir bei Gemüse nur noch auf wenige Sorten setzen, wie das bereits in den Supermärkten zu erkennen ist, können im Extremfall Hungerkatastrophen drohen. Die Gendatenbank unserer Kulturpflanzen wurde daher zum Schutz und zur Erhaltung der genetischen Vielfalt von landwirtschaftlichen und gärtnerischen Nutzpflanzensorten angelegt.

Tomatenvielfalt auf dem Markt

Während in der konventionellen Landwirtschaft Saatgut vorgeschrieben ist und durch nicht mehr weiter vermehrbare sterile Hybrid- bzw. F1-Sorten nur wenigen Saatgutkonzernen wirtschaftliche Vorteile verschafft werden, haben wir in unseren Gärten und auf Balkonen die Chance, die biologische Vielfalt zu fördern.

Die Natur fördert Gleichgewichte

In der Natur gibt es immer ein Gleichgewicht zwischen sogenannten Schädlingen und »Nützlingen«. Wir neigen gerne dazu, alles Unbekannte und Unbeliebte der Rubrik »Schädling« zuzuordnen, ohne über die Zusammenhänge Bescheid zu wissen. Selbst die kleine Blattlaus hat eine wichtige Rolle im Naturgefüge, denn sie ist Teil des Naturkreislaufs. Greifen wir zu früh ein und bekämpfen jede Blattlaus und jeden Käfer, jedes Insekt, das unsere Pflanzen als Nahrungsquelle benötigt, richten wir mehr Schaden an, als die Blattläuse jemals verursachen können.

Pflanzen und Tiere bilden eine Gemeinschaft. Auch unser Balkon und das Leben dort sollten wir sorgsam studieren, bevor wir eingreifen, denn auch unerwünschte Tiere haben ein Lebensrecht.

»Ich bin Leben, das leben will, inmitten von Leben, das leben will.« – **Albert Schweitzers** berühmter Satz bringt es auf den Punkt.

Deshalb sollten wir bereits bei der Saatgutauswahl auf alte Gemüsesorten zurückgreifen und sie durch regelmäßige Selbstvermehrung weiter an den Klimawandel anpassen. Die Verwendung von regionalem Saatgut erhält dabei noch einmal besondere Bedeutung, denn Pflanzen aus dem Norden sind an andere Umweltbedingungen angepasst als die gleichen Sorten aus Süddeutschland.

Der Klimawandel fördert die Zuwanderung neuer Pflanzen- und Tierarten aus dem wärmeren Süden. Ein gutes Beispiel dafür ist die Einwanderung der Kirschfruchtfliege, die sich gerade deutschlandweit ausbreitet und große Schäden bei Obst verursacht. Eingewanderte Insekten wie die Asiatische Hornisse (Vespa velutina nigrithorax), deren Nahrungsquelle Bienen sind und die in unseren Breiten keine natürlichen Gegenspieler findet, machen uns im Klimawandel besonders zu schaffen. Hier hilft zunächst nur, abzuwarten und die Pflanzen bestmöglich zu stärken. Manchmal entwickeln sie im Laufe der Jahre Abwehrstoffe, oder unsere heimische Tierwelt entdeckt sie als neue Nahrungsquelle.

Invasive Asiatische Hornisse

Wir sollten also zunächst bei der Pflanzen- und Saatgutauswahl auf alte angepasste

Sorten zurückgreifen und sie mithilfe des biologischen Pflanzenschutzes stärken.

Hauptanliegen unserer Maßnahmen zur Pflanzenstärkung sind:

- Vorbeugung, Kräftigung und Wachstumsförderung
- Verhinderung von übermäßigem Insektenbefall
- Vorbeugung von unerwünschten Krankheiten und Pilzbefall

Geschwächte Pflanzen werden bevorzugt von Insekten aufgesucht oder durch Pilze wie dem Echten Mehltau geschwächt. Daher sollten wir zuerst versuchen, die Pflanze zu stärken.

Bevor man zu biologischen Hilfsmitteln greift, sollten verschiedene Faktoren mit einbezogen und überprüft werden, etwa ob die richtige Erde verwendet wurde, ob die Pflanzen schon beim Kauf krank waren oder ob zu viel oder zu wenig gegossen wurde.

Aus meiner langjährigen praktischen Erfahrung kann ich sagen, dass Pflanzenprobleme wie starker Blattlausbefall fast immer durch Pflegefehler verursacht werden. Wenig geeignete Erde, Überdüngung, schlechte Pflanzenqualität und/oder der falsche Standort schwächen die Pflanzen und machen sie anfällig. Die Blattlaus weist uns eigentlich »nur« auf das Problem hin.

Gärtnern bedeutet demnach auch, sorgsam und achtsam zu sein und die Bedürfnisse von Pflanzen und Tieren kennenzulernen – und zu akzeptieren.

Beobachten – wahrnehmen – erkennen – verstehen – handeln lauten dementsprechend die fünf Schritte, die in der Permakultur die Maxime sind: Bevor wir eingreifen, sollten wir die Ursachen kennen und deren Wirkungen verstehen.

Häufige Besucher: Blattläuse

Am häufigsten werden Pflanzen auf Balkon und Terrasse von Blattläusen befallen. Es gibt über 800 verschiedene Blattlausarten in Mitteleuropa. Sie besiedeln gerne überdüngte oder geschwächte Pflanzen. Auch der falsche Standort kann der Auslöser für die kleinen Besucher sein. Blattläuse ernähren sich vom zuckerhaltigen Pflanzensaft, indem sie die Zellwand der Pflanze »anstechen«. Was sie wieder ausscheiden, wird gerne von Ameisen aufgenommen.

Überdüngte Pflanze werden gerne von saugenden Insekten wie Blattläusen oder von Raupen aufgesucht, denn sie wachsen zu schnell und haben daher weniger stabile Zellwände.

Wenn Sie gegen Blattläuse vorgehen wollen, entscheiden Sie zunächst, ob die Pflanze kräftig genug ist, um den Blattlausbefall unbeschadet zu überstehen.

Es ist oft nicht sinnvoll, die Läuse sofort zu entfernen, denn Ihr Problem löst sich fast immer von selbst, nämlich wenn sich Nützlinge einfinden, die die Läuse zum Fressen gern haben. Seien Sie daher geduldig, bis einer (oder mehrere) der ca. 37 verschiedenen »Feinde« auf Ihre Blattläuse aufmerksam wird, denn auf dem Balkon kann es länger dauern als im Garten. Wenn sich Marienkäfer und deren Larven (eine Larve frisst am Tag ca. 80 Blattläuse), Ohrwürmer, Florfliegen, Schlupfwespen- und Gallmückenlarven, Raubwanzen, Spinnen und Schwebfliegen einmal eingefunden haben, ist es um die Läuse geschehen, sofern die Nützlinge genug davon finden. Übrigens lieben auch Vögel Blattläuse, mit denen sie zumeist ihre Jungen füttern.

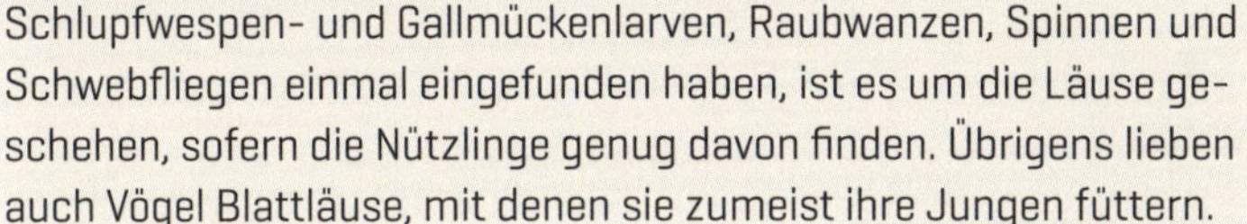

Blattläuse und ihre Nutzer (Ameisen) und Fressfeinde (Marienkäfer)

Wir können Pflanzen stärken, indem wir ihnen wertvolle Nährstoffe zur Verfügung stellen, die im Boden nicht enthalten sind. Auch hier helfen uns wieder Pflanzen, über die wir schon gesprochen haben. Die Inhaltsstoffe können durch Umsetzungsprozesse wieder pflanzenverfügbar gemacht werden. Zusätzlich können wir ergänzend auf tierische Düngemittel zurückgreifen. Achten Sie dabei aber immer auf biologische Herkunft.

Wenn wir unser Gemüse stärken wollen, bieten sich mehrere Pflanzen an, die gut auf Ihrem Balkon wachsen können. Falls Sie gleichzeitig auf dem Balkon und in einem Kleingarten gärtnern, empfehle ich Ihnen die Verwendung von Pflanzenjauchen als gutes Pflanzenstärkungsmittel, das auch als Pflanzenschutzmittel eingesetzt werden kann. Für die Anwendung auf dem Balkon eignen sich andere Rezepte aus getrockneten Kräutern oder fertigen Tinkturen und Kaltwasserauszüge besser, da sie geruchsarm sind. Stärkungsmittel aus getrockneten Pflanzen können Sie rund ums Jahr herstellen.

Getrocknete Kräuter für Tees

Jauchen, Brühen, Tees und Kaltwasserauszüge

Wirksame biologische Dünger, Gieß- und Spritzmittel können Sie sehr einfach selbst herstellen. Als Grundlage für alle Mittel werden auf 10 Liter Wasser 1 Kilogramm frische Pflanzenteile [Blätter, Blüten] oder 100 bis 200 Gramm getrocknete Pflanzen verwendet. Rund 100 Gramm getrocknete Pflanzenteile entsprechen ungefähr 600 bis 800 Gramm Frischkraut.

TIPP

Setzen Sie immer nur so viel Jauche, Brühe, Auszug oder Tee an, wie Sie innerhalb von wenigen Tagen verwenden können. Aufgrund der hohen Verdünnung benötigen Sie oft nur geringe Mengen an Pflanzenmaterial. Am besten eignet sich Regenwasser. Die Pflanzenreste können als Mulchmaterial ausgebracht werden. Damit wird gleichzeitig der Boden gedüngt, und die Mikroorganismen erhalten Futter.

Jauche

In Keramik-, Emaille- oder Kunststoffeimer [nicht in Metallgefäßen] Brennnesseln, Beinwell und andere Kräutermischungen füllen und mit Regenwasser auffüllen. Mit Deckel fest verschließen, warm stellen, hin und wieder umrühren und bei Geruchsentwicklung Urgesteinsmehl dazugeben. Jauchen müssen nicht 2 Wochen stehen, man kann sie auch nach wenigen Tagen verwenden. Nur stark verdünnt [1:20] um die Pflanzenwurzeln herum gießen.

Tee

Übergießen Sie die angegebene Menge an getrockneten Kräutern mit kochendem Wasser, lassen Sie alles 15 bis 20 Minuten stehen, und seihen Sie dann den fertigen Tee ab. Das Mittel wird unverdünnt gegen Krankheiten, Insektenbefall und zur Bodenstärkung eingesetzt.

Kaltwasserauszug

Die gleiche Menge wie bei Tee wird für 24 Stunden stehen gelassen und, kurz bevor die Gärung einsetzt, durch ein Sieb gegossen. Der Auszug dient, unverdünnt angewendet, gegen Insektenbefall, Krankheiten und zur Bodenstärkung.

Brühe

Zur Herstellung von Pflanzenbrühe werden die Kräuter in kaltem Wasser für 24 Stunden eingeweicht, anschließend aufgekocht und 15 bis 20 Minuten geköchelt. Nach Abkühlung erhält man eine konzentrierte Brühe, die im Verhältnis 1:10 bis 1:20 je nach Pflanzenart verdünnt werden sollte. Brühen können zur Blattdüngung und gegen Insektenbefall eingesetzt werden.

Besonders geeignete Pflanzen zur Pflanzenstärkung und zum Pflanzenschutz

Pflanze	Wirkung	Anwendung
Beinwell/ Comfrey	Kaliumversorgung für Tomaten, Sellerie, Kohl, Kartoffeln	als Blattdüngung für alle Pflanzenarten, Anwendung 1- bis 2-mal monatlich
Brennnessel	zur Behebung von Blattchlorose [Eisenmangel]; bei starkem Befall von Blattläusen, Spinnmilben etc. an Obstbäumen und Beerensträuchern; zur Kräftigung und Vorbeugung gegen Krankheiten und Insektenbefall	auf alle Pflanzenteile sprühen, in den Boden gießen
Knoblauch	vorbeugend gegen Pilzerkrankungen, z. B. Mehltau, akut gegen Milben/Spinnmilben	Knoblauchtee [1 l Wasser mit 70 g Knoblauchzehen kochen] auf die Erde gießen
Rainfarn	vorbeugend und bei Befall gegen Rost, Mehltau, Bakterienkrankheiten bei Tomaten, Kartoffeln, Sellerie	auf Pflanzen spritzen
Ringelblume	Förderung der Gesundheit und des Wachstums für alle Pflanzen, besonders bei Kohl und Tomaten	1 x monatlich auf die Erde gießen
Acker-Schachtelhalm	vorbeugend gegen Schorf, Rost, Mehltau, Monilia, Kräuselkrankheit [Pfirsich, Nektarine], Braunfäule [Tomaten, Kartoffeln], Blattfleckenkrankheiten	auf die Pflanzen, auch Blattunterseiten, und auf die Erde spritzen, an 3 Tagen hintereinander im Sommer

Beinwell, Acker-Schachtelhalm, Rainfarn [von oben nach unten]

Die drei wichtigsten Pflanzen zur Vorbeugung und bei Befall sind:

- Brennnessel
- Acker-Schachtelhalm
- Rainfarn

Etwa 90 Prozent aller Pflanzenkrankheiten lassen sich mit diesen drei Wildpflanzen kurieren!

TIPP

Echter Mehltau

Bei Echtem **Mehltau** (der Falsche Mehltau befindet sich auf der Blattunterseite; so erkennen Sie sehr leicht den Unterschied), der häufig auftretenden Pilzerkrankung auf der Blattoberseite, hilft – rechtzeitig und regelmäßig angewendet – frische BIOmilch, die etwas verdünnt über die gesamte Pflanze und auf den Boden gespritzt wird. Verwenden Sie keine sterilisierte H-Milch, weil diese die wichtigen Bakterien nicht enthält.
Mehltau befällt auch gerne Stauden wie Phlox oder Indianernessel. Fast immer stimmt dann der Standort nicht. Das Entfernen der befallenen Blätter und/oder ein Rückschnitt (nur bei mehrjährigen Pflanzen) ist sinnvoll. Dann die restliche Pflanze und den Boden bespritzen; die Pflanze treibt wieder gesund aus.

Düngen und Nährstoffversorgung

Wer seine Pflanzen gesund erhalten möchte, kommt um die regelmäßige Düngung nicht herum. Kauft man Dünger im Handel, ist die richtige Menge und Häufigkeit der Düngung auf der Verpackung aufgedruckt. Aber wie ist es bei selbst hergestelltem Dünger oder organischem Dünger von Tieren?

Kann damit auch zu viel oder zu wenig gedüngt werden? Wie viel, womit, wann und wie lange soll, kann oder muss gedüngt werden? Woher kann man guten und ökologischen Dünger beziehen? Das sind viele wichtige Fragen, wenn man alles richtig machen möchte.

Grundsätzlich unterscheidet man zwischen **mineralischem** und **organischem** Dünger. Im ökologischen Anbau wird kein mineralischer Dünger verwendet. Er wird mit sehr hohem Energieaufwand produziert und wirkt sich schädlich auf das Bodenleben aus. Der Einsatz von Mineraldünger wäre kontraproduktiv, wenn vorher mit Kräutertees und anderen Bodenbelebungsmitteln gearbeitet wurde. Organischer

Dünger wirkt gut als **Langzeitdünger**, da die pflanzenverfügbaren Inhaltsstoffe erst allmählich freigesetzt werden. Zur Startdüngung oder bei Zeitmangel kann auch mit organischen Flüssigdüngern gearbeitet werden. Die Dosierung steht immer auf den Produkten und sollte unbedingt eingehalten werden.

Die organischen wie die mineralischen Dünger enthalten die für die Pflanzen wichtigen Inhaltsstoffe (s. Seite 107ff.) Stickstoff (N), Phosphor (P) und Kalium (K) sowie die Spurenelemente Magnesium (Mg), Calzium (Ca), und Schwefel (S), jeweils in unterschiedlichen Mengen.

Besonders behutsam muss mit Pflanzen in kleinen Gefäßen mit wenig Erde umgegangen werden, damit sie nicht überversorgt und dadurch Krankheiten ausgelöst oder sie von Blattläusen, Räupchen oder anderen Insekten oder »Pflanzenfreunden« besucht werden.

Gärtnern im Klimawandel bedeutet, dass wir die Bedingungen für alle Pflanzen optimieren. Es geht also zuerst einmal darum, möglichst viel Wurzelraum zu schaffen, um eine möglichst hohe Speicherleistung für Wasser und Nährstoffe zu gewährleisten. Deshalb gilt: Je größer die Gefäße sind, umso besser können die Pflanzen mit Nährstoffen aus dem organischen Langzeitdünger versorgt werden. Wie bereits ausführlich dargelegt, ist die Belebung des Bodens unerlässlich; nur so gelingt die optimale Nährstoffaufnahme über die Pflanzenwurzeln, und die Pflanze bleibt gesund.

Empfehlenswerte organische Düngerarten für den Balkon sind:

- Schafwolle/Schafwollpellets
- Hornspäne
- Kompost
- Wurmhumus
- Bokashi
- Mist
- Jauchen

INFO

Kompost, Wurmhumus und Bokashi sind über ihre Düngewirkung hinaus exzellente Verfahren zur **Verwendung Ihrer Pflanzen»abfälle«.** Bokashi eignet sich gut als Ergänzung zur Wurmkiste, da alle organischen, ungekochten Küchenreste in den Bokashi-Eimer kommen.

Schafwollpellets

Schafwolle/Schafwollpellets

Schafwollpellets gibt es im Fachhandel, Schafwolle erhalten Sie direkt bei den Schafzüchtern. Schafwolle enthält 11 % Stickstoff, 5 % Kalium, etwas Schwefel, Magnesium und knapp 0,2 % Phosphor.

Die Vorteile der Schafwolle lassen sich wie folgt zusammenfassen:

- Bodenverbesserung
- sehr gute Wasserspeicherung: Pellets quellen auf und nehmen dabei bis zur 3,5-fachen Menge an Wasser auf
- sehr gute Eignung als Mulchmaterial
- fungiert als ökologischer und kostengünstiger Dünger.

Schafwolle, um die Pflanzen gelegt, hält Schnecken ab. Auf meinem Hof wickle ich um meine Sträucher im Herbst ebenfalls Schafwolle, damit Rehen und Hasen der Appetit verdorben wird. Für Heidelbeeren, Rhododendron und andere Säure liebende Pflanzen eignet sich Schafwolle übrigens nicht als Dünger.

Hornmehl/Hornspäne

Hornspäne sind gut als organischer Langzeitdünger geeignet und fungieren vor allem als Stickstoffquelle (12 bis 15 % N). Wird eine schnellere Wirkung angestrebt, kommt Hornmehl zum Einsatz, das ganz fein vermahlen ist. Die Wirkungsdauer von Hornspänen liegt bei mehreren Monaten, das Mehl wirkt einige Wochen.

TIPP

Schütten Sie das **Kochwasser** von Eiern, Gemüse und Kartoffeln sowie das **Waschwasser** von Salaten, Gemüse und Obst nicht weg. Es ist als leichte Düngergabe für zwischendurch sehr gut geeignet. An heißen Tagen können Sie damit zusätzlich Gießwasser einsparen.

Kompost

Natürlich kann auch auf dem Balkon kompostiert werden. Kompost enthält alle für die Pflanzen notwendigen Nährstoffe und Spurenelemente und hat eine gute Düngewirkung auf die Pflanzen. Die beste

Kompostqualität entsteht, wenn Obst, Gemüse, Salate etc. aus dem Bioladen stammen.

Diese Materialien können in den Kompost:

- alle Gemüse-, Salat-, Obstreste (roh)
- Kaffeesatz
- Teeblätter
- Pflanzenreste vom Balkon
- Laub
- abgeschnittene Zweige, Ästchen von Stauden oder Gehölzen
- alte Erde
- zerkleinerte Eierschalen

Blick in einen Heimkomposter

Nicht geeignet für den Kompost sind folgende Materialien:

- Öle, Fette und gekochte Essensreste
- Zitrusfrüchte aus konventionellem Anbau (Pestizide, Wachsschicht)
- (Haus-)Tierkot, Katzenstreu
- rohe Kartoffelschalen und Kartoffeln
- Kunststoffartikel, auch kein »abbaubarer Biokunststoff«

Die Abfälle werden in ein Gefäß gegeben, das mindestens 70 Liter fassen kann. Abhängig ist die Gefäßgröße von den täglich anfallenden Küchenabfällen. Da pflanzliche Abfälle etwa zu 90 Prozent aus Wasser bestehen, sackt der Kompost schnell zusammen. Ähnlich wie beim Bokashi wird der Pflanzensaft abgefüllt und kann stark verdünnt als Dünger verwendet werden. Der Kompostbehälter sollte mit einem Deckel verschließbar sein, damit er nicht austrocknet.

Werden zu viele feuchte Materialien eingefüllt, können sich Fäulnis und Geruch entwickeln. Dann muss trockenes Material wie Laub, Holzhäcksel, Heu oder Stroh untergemischt werden. Ist der Kompost zu trocken, zeigt sich auf der obersten Schicht ein grauer, (unbedenklicher) schimmelartiger Belag.

TIPP

Eine praktische Variante für den Balkon sind **Balkonkomposter**. Es gibt verschiedene Modelle zu kaufen, aber auch ein Selbstbau ist möglich. Die daraus gesammelten Pflanzensäfte sind, verdünnt ausgebracht, ebenfalls ein wertvoller Dünger. Beachten Sie, dass ein Balkonkomposter einen geschlossenen Boden braucht.

Trommelkomposter

Wichtig ist, dass der Komposter seitlich ab einer Höhe von ca. 10 Zentimetern Löcher aufweist, damit die Sauerstoffversorgung klappt (daher darf das Material auch nicht zu fest gepresst werden). Bevor die Abfälle in das Gefäß kommen, sollten auf den Boden ca. 10 Zentimeter hoch Äste und Holzteile eingebracht werden, damit die Luft zirkulieren kann. Darüber ein Vlies legen, sodass das organische Material nicht bis zum Boden durchfällt. Die Pflanzensäfte passieren das Vlies, sammeln sich am Boden und können mit dem Auslaufhahn abgefüllt werden. Es wäre deshalb günstig, wenn der Komposter auf einem alten Stuhl oder einer kleinen Kiste steht.

Sobald Abfälle eingefüllt werden, sollte auch immer etwas Urgesteinsmehl gestreut werden. Günstig wäre es außerdem, wenn zusätzlich gesammelte Erde von Maulwurfshügeln dazugegeben wird, weil sich darin viele Mikroorganismen befinden, die den Umsetzungsprozess beschleunigen. Um eine gut duftende Komposterde zu erhalten, mischen Sie alle Abfälle (von pflanzlichen Abfällen über Holzhäcksel, Holzmehl, Zweigen und Laub bis hin zu Urgesteinsmehl und Maulwurfshügelerde) immer abwechselnd hinein.

Flächenkompostierung

Eine gute Möglichkeit, die eigenen Bioabfälle direkt zu den Pflanzen zu bringen, ist die Flächenkompostierung. Klein geschnittene ungekochte Gemüse- und Obstreste werden als Mulchmaterial zwischen den Pflanzen ausgebracht, etwas eingearbeitet und ein wenig mit Erde abgedeckt. Diese Methode eignet sich sehr gut für Hochbeete und große Gefäße.

Wenn die Oberflächenkompostierung gleichzeitig als Mulchdecke genutzt wird, ist die Erde immer bedeckt, und weniger Wasser verdunstet. Gleichzeitig werden die Pflanzen mit Nährstoffen versorgt. Diese Form der Pflanzenverwertung ist einfach, praktisch und nachhaltig, optisch aber sicher nicht für jeden akzeptabel.

Bei Flachwurzlern empfiehlt es sich, die Pflanzenabfälle nicht einzugraben, weil sonst die Wurzeln verletzt werden. Je kleiner die Kohlrabi-, Radieschen- oder Salatblätter geschnitten sind, umso schneller werden sie von den Mikroorganismen verarbeitet.

Wurmhumus, der Dünger aus der Kiste

Eine Wurmkiste ist besonders gut zur Pflanzenverwertung auf Balkon und Terrasse geeignet. Sie wird meistens als multifunktionales Möbelstück, als Hocker oder Truhe zum Sitzen angeboten, sodass man äußerlich gar nicht sieht, was im Inneren für spannende Vorgänge ablaufen. Aus den eigenen Küchenabfällen erhält man durch die fleißige Arbeit der Kompostwürmer in relativ kurzer Zeit den wertvollen Wurmhumus und Düngemittel zum Gärtnern. Wissenschaftliche Untersuchungen haben ergeben, dass Wurmhumus sogar höhere Werte an Stickstoff, Phosphat, Kalium und Magnesium hat als der Gartenkompost.

Wurmkomposter

Kompost aus der Wurmkiste ist geruchlos. Die Kompostwürmer fressen rohe Obst- und Gemüsereste im Wechsel mit kohlenstoffreichen Abfällen wie Pappe, Sägemehl oder abgestorbenem Laub. Außerdem mögen sie Kaffeesatz. Gekochte Essensreste, Fleisch, Zitrusfrüchte, Nussschalen, Zwiebeln, Knoblauch, Asche oder gekaufte Blumenabfälle dürfen nicht in die Kiste. Da sich Kompostwürmer ausschließlich von frischen pflanzlichen Abfällen ernähren, benötigen sie eine regelmäßige, ganzjährige Fütterung. Die Bioabfälle werden zwischendurch mit Urgesteinsmehl bestäubt, damit ein strukturreicher Humus entsteht.

Der Kompostwurm reagiert übrigens mit Arbeitsverweigerung auf giftige Pflanzen, aber auch auf mit Pestizid belastete Blumen und gewachste Zitrusfrüchte.

VORSICHT

Bei Abwesenheit von zwei Wochen sollte vorab viel Biomasse eingefüttert werden.
Längere Abwesenheiten bedingen, dass ein **»Wurmsitter«** eingestellt werden sollte, der sich um das leibliche Wohl der Würmer kümmert und sie mit Bioabfall verwöhnt.

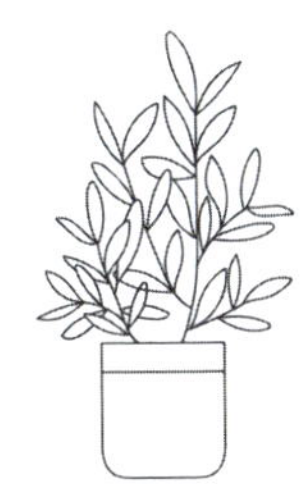

Wurmkisten werden inklusive Kompostwürmern und allem Zubehör im Handel angeboten. Es gibt dekorative Modelle für außen und für innen. In der Regel werden Holzkisten angeboten, aber es gibt sie auch in schickem Kunststoffdesign in unterschiedlichen Farben.

Wenn Sie sich dafür entscheiden, eine Wurmkiste selbst zu bauen, können die Würmer auch separat gekauft werden.

Praktisch sind Wurmkisten, wenn sie mit Rollen ausgestattet sind und je nach Bedarf den Platz wechseln können. Alle Wurmkisten, egal ob Designermodell oder Holzkiste, haben eine Auffangschale und einen Auslaufhahn für den Pflanzensaft, den wertvollen Flüssigdünger.

Wurmkisten gibt es in zwei Varianten, die sich bzgl. des Aufbaus unterscheiden:

Beim **vertikalen** Aufbau befinden sich mehrere Schubladen übereinander. Die Würmer können, sobald sie die Pflanzenreste in Humus umgewandelt haben, in die nächste Schublade wandern. Jede Lade mit Wurmhumus kann einzeln entleert und wieder mit Bioabfall bestückt werden.

Bei der **horizontalen** Variante arbeiten sich die Kompostwürmer – im Gegensatz zu Regenwürmern – horizontal durch die Erde. Das ist für eine solche Kiste von Vorteil. Das Gefäß ist mittig mit einem Trenngitter geteilt. Eine Hälfte wird so lange mit Bioabfall gefüllt, bis sie voll ist (bei ausreichendem Wurmbesatz). Dann kann die zweite Hälfte gefüllt werden. Die Würmer wandern nach getaner Arbeit von einer Hälfte in die andere.

INFO

Wussten Sie, dass der **Kompostwurm** nur etwa ein halbes Gramm wiegt, aber regelmäßig 0,3 Gramm Futter pro Tag zu sich nimmt? Wie viel ein Wurm verdaut, hängt von seinem Alter ab. Ältere Würmer haben einen höheren Umsatz.

Die Bewohner der Wurmkiste wünschen sich gleichmäßige Temperaturen von etwa 15 bis 20 °C. Vermeiden Sie eine Überhitzung, da die Kompostwürmer bei Temperaturen ab 30 °C sterben. Stellen Sie die Kiste in den Schatten oder an besonders heißen Tagen in die Wohnung. Steht die Wurmkiste in zu kalten Räumen oder sogar unter 0 °C, sterben die Würmer. Also im Winter nicht auf dem Balkon stehen lassen.

Damit es in der Wurmkiste dunkel, gleichmäßig feucht und warm bleibt und die Würmchen nicht spazieren gehen, werden sie immer mit einer dicken Filz- oder Hanfmatte zugedeckt. Das verhindert auch Obstfliegen. Die Bioabfälle dürfen nicht in das Gefäß gepresst werden, denn der Umsetzungsprozess benötigt Sauerstoff (der die Geruchsbildung unterbindet).

Bokashi-Eimer

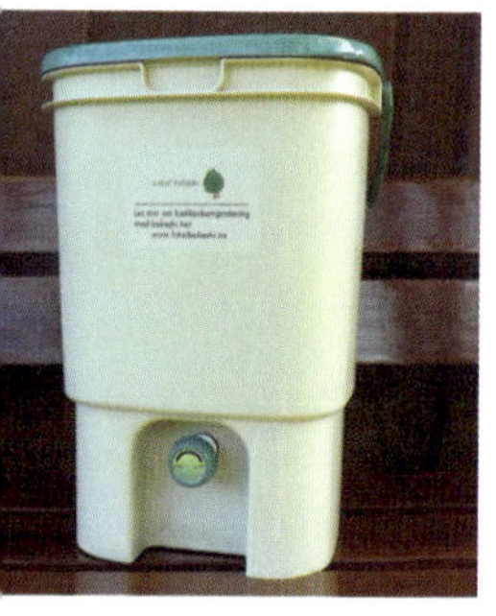

Bokashi, der Dünger aus dem Eimer

Bokashi ist ein Prozess zur Düngererzeugung, der aus Japan kommt. Bokashi bedeutet übersetzt so viel wie »fermentiertes Allerlei«. Dabei handelt es sich um einen anaeroben Fermentationsprozesses (unter Luftabschluss) von Bioabfällen, der nur wenige Wochen dauert.

Die Küchenabfälle werden in einen dafür vorgesehenen Bokashi-Eimer gegeben, gut verdichtet und mit Effektiven Mikroorganismen (EM) oder einem Kompostbeschleuniger behandelt. Nach ca. 4 bis 6

Wochen ist der Prozess abgeschlossen, und der entstandene Dünger wird im Hochbeet eingegraben. Der Pflanzensaft aus dem Bokashi-Eimer ist ein guter konzentrierter Bioflüssigdünger, der vor der Anwendung verdünnt werden muss. Er kann für Topfpflanzen, speziell auch für Ihre Zimmerpflanzen, verwendet werden.

Alle Bioabfälle werden klein geschnitten in den Eimer gegeben und immer so fest gepresst, dass die Pflanzenreste ein anaerobes Milieu haben, also kaum mit Sauerstoff in Berührung kommen. Damit möglichst wenig Sauerstoff an die organischen Abfälle kommt, sollte der Eimer nur dann geöffnet werden, wenn sich vorab viele Bioabfälle gesammelt haben (wer viele Bioabfälle hat, sollte darüber nachdenken, sich einen zweiten Eimer zuzulegen). Bei jeder Befüllung werden die EM aufgesprüht und Urgesteinsmehl darübergestreut. Dann wird die gesamte Masse wieder gepresst und verdichtet. Das Ganze wird luftdicht abgedeckt und zusätzlich beschwert, um den Sauerstoff zu reduzieren. Dafür eignet sich beispielsweise eine Tüte mit Sand.

Lassen Sie während der Fermentierung regelmäßig den Pflanzensaft ab. Er sollte vor der Anwendung im Verhältnis 1:5 oder 1:10 verdünnt werden.

Nach ca. 2 bis 3 Wochen den fest gewordenen Inhalt nochmals mit EM bespritzen und mit Urgesteinsmehl bestreuen. Dann den gesamten Inhalt mit Erde mischen und weitere 2 Wochen ruhen lassen. Dazugegebenes Gesteinsmehl verbessert den Dünger.

Mist

Von zertifizierten Biohöfen (Naturland, Bioland, Demeter) kann man hervorragenden Mist erwerben. Dieser sollte bereits »durchkompostiert« sein, das heißt schon so lange gelagert sein, dass er nahezu vererdet ist.

Der Mist der verschiedenen Tiere hat eine spezielle Zusammensetzung und Wirkung:

- **Rindermist** hat eine milde, ausgleichende Wirkung und enthält alle relevanten Nährstoffe.
- **Pferdemist** ist »hitzig«, er erzeugt viel Wärme, setzt sich deshalb schnell um; er wird gerne für Starkzehrer eingesetzt.
- **Schaf-, Ziegen-, Kaninchenmist** ist ebenfalls »hitzig«, enthält viel Stickstoff und ist für Starkzehrer geeignet.
- **Hühner-, Enten-, Taubenmist** sind scharf und »hitzig« und müssen kompostiert werden; sie enthalten viel Stickstoff und Phosphor.

Abgelagerter Mist von Biobetrieben ist balkongeeignet.

Wann und wie oft muss gedüngt werden?

Die Menge der Düngegaben richtet sich danach, ob wir Schwach-, Mittel- oder Starkzehrer zu versorgen haben.

Schwachzehrer (Radieschen) und Starkzehrer (Rhabarber)

Mittel- und Starkzehrer werden beim Einpflanzen bereits in Erde gesetzt, die mit Langzeitdüngern wie Hornspänen, Schafwollpellets, oder anderen organischen Düngern wie Kompost, Wurmhumus und mit dem Bodenverbesserungsmittel Urgesteinsmehl angereichert worden ist.

Da in großen Gefäßen und Hochbeeten eine viel bessere Wurzelbildung stattfinden kann, benötigen **Starkzehrer** dort nach etwa 8 Wochen Dünger, **Mittelzehrer** nach 8 bis 10 Wochen. Gedüngt wird nur nach Bedarf, vor allem bei Starkzehrern oder wenn die Pflanzen Nährstoffmangel anzeigen. Wenn die Erde zwischen den Pflanzen ganzjährig gemulcht wird, sind das zusätzliche kleine Düngergaben.

In kleinen Gefäßen benötigen alle Kulturen eine frühere und regelmäßige Düngergabe, da der Wurzelraum für stärker wachsende Pflanzen zu klein ist und der Dünger schneller verbraucht wird. **Schwachzehrer** pflanzt man in nährstoffarme Erde – sie benötigen frühestens nach ca. 8 Wochen eine leichte Düngung.

Gesunde Pflanzen benötigen viele Nährstoffe wie Stickstoff (N), Phosphor (P) und Kalium (K) zum Wachsen. Wenn sie kümmerlich wachsen, die Blätter hellgrün werden, nur noch die Blattadern sichtbar sind oder die Blattränder vertrocknen, ist dringend eine Düngergabe mit N/P/K-Dünger, mit Wurmhumus, Jauche oder anderem organischen Dünger erforderlich.

TIPP

Werden **Stark- und Schwachzehrer** sehr dicht zusammengepflanzt, wird es wegen des unterschiedlichen Nährstoffbedarfs mit der Düngung schwierig: Entweder erhalten die Starkzehrer zu wenig Nährstoffe, oder die Schwachzehrer nehmen zu viel davon auf. Pflanzen Sie also möglichst Pflanzen mit gleichem Nährstoffbedarf zusammen.

Die wichtigsten Nährstoffe im Überblick

Stickstoff

Stickstoff (N) ist das Nährelement, das von den Pflanzen am meisten benötigt wird. Während Tiere und Menschen Stickstoff in Form von Eiweiß durch die Nahrung aufnehmen, nehmen Pflanzen Stickstoff aus dem Boden auf, der dort zu 95 Prozent organisch in Humus gebunden ist. Die zahlreichen Verbindungen, die Stickstoff eingeht, sind in einem Kreislauf miteinander verbunden. Stickstoff ist für die Entwicklung der Pflanze und das Wachstum zuständig. Fehlt Stickstoff, werden ältere Blätter hellgelb oder gelbgrün; der Pflanze fehlt Chlorophyll, was den Stoffwechsel behindert.

Interessant ist, dass die Pflanze die jüngeren Blätter dann besser versorgt als die älteren. Neben Kümmerwuchs und gehemmtem Längen- und Triebwachstum sind auch Stängel- und Sprossenwachstum reduziert.

Bei Obstbäumen ist die Lebens- und Befruchtungsfähigkeit der Blüten verkürzt. Bei der Wurzelbildung zeigen sich zwar längere, aber nur wenig verzweigte Wurzeln, was das Wachstum beeinträchtigt und den Ertrag mindert. Wenn sich die Inhaltsstoffe konzentrieren, schmecken beispielsweise Radieschen sehr scharf.

Stickstoffmangel

Phosphor (P)

Phosphor fördert die Blüten- und Fruchtbildung und unterstützt die Krümelbildung im Boden. Die Pflanzenverfügbarkeit des Phosphors hängt u. a. von der Temperatur, der Bodenfeuchtigkeit und Bodenstruktur, dem Humusgehalt und dem pH-Wert ab. Bei Sauerstoffmangel, niedrigen Temperaturen und Trockenheit ist die Phosphoraufnahme in der Pflanze behindert. Die Folgen sind Wachstumsstillstand und eine geringere Blüten- und Fruchtbildung. Die Blätter verfärben sich dunkelgrün bis schmutziggrün. Auch bei Phosphormangel werden von

Phosphormangel

der Pflanze die jungen Blätter besser versorgt als die alten; die jungen Blätter haben nur noch eine geringe Größe.

Kalium (K)

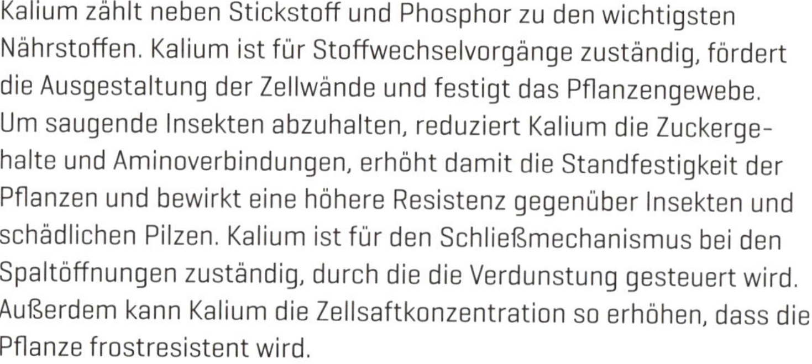

Kalium zählt neben Stickstoff und Phosphor zu den wichtigsten Nährstoffen. Kalium ist für Stoffwechselvorgänge zuständig, fördert die Ausgestaltung der Zellwände und festigt das Pflanzengewebe. Um saugende Insekten abzuhalten, reduziert Kalium die Zuckergehalte und Aminoverbindungen, erhöht damit die Standfestigkeit der Pflanzen und bewirkt eine höhere Resistenz gegenüber Insekten und schädlichen Pilzen. Kalium ist für den Schließmechanismus bei den Spaltöffnungen zuständig, durch die die Verdunstung gesteuert wird. Außerdem kann Kalium die Zellsaftkonzentration so erhöhen, dass die Pflanze frostresistent wird.

Kaliummangel

Kaliummangel zeigt sich zuerst mit einem sehr reduzierten Wachstum und Welke. Es beginnt an den Blattspitzen der älteren Blätter; diese sterben verfrüht ab. Wenn eine zu hohe Transpiration stattfindet, entsteht Wassermangel. Der geringe Zellinnendruck führt zur Welke bei Blütenknospen und Fruchtbildung. Kaliummangel bewirkt eine geringere Standfestigkeit und reduziert die Frost- und Schädlingsresistenz. Kaliummangel kann zu einer reduzierten Vitaminbildung führen, und Geschmacks- und Farbstoffe sind in geringeren Mengen vorhanden.

Magnesium (Mg)

Bei Magnesium handelt es sich neben Stickstoff, Phosphor, Kalium und anderen Mineralien um einen der wichtigsten Pflanzennährstoffe. Es ist ein wichtiger Baustein für das Chlorophyll und deshalb für die Photosynthese unentbehrlich. Bei Magnesiummangel ist das Wurzelwachstum gehemmt. Mangelsymptome werden erst an den Blättern sichtbar, wenn die Wurzeln beeinträchtigt sind und damit die Wasser- und Nährstoffaufnahme nicht mehr funktioniert.

Calcium (Ca)

Bei Calcium handelt es sich – neben den bereits oben beschriebenen Nährstoffen – um einen der wichtigsten Nährstoffe, da es für stabile Zellwände (bei Mangel kann Gewebe teilweise absterben; Stippe) sowie Zellatmung und -teilung zuständig ist.

Außerdem sorgt Calcium für Krümelbildung und gute Struktur des Bodens.

Wenn zu wenig Calcium verfügbar ist, zeigen sich die Mangelerscheinungen als Blütenendfäule bei Tomaten (Äpfel und Tomaten sind trotzdem essbar). Der Transport von Calcium zu den Pflanzenteilen erfolgt nur durch die Verdunstungs- bzw. Transpirationsströme. Bei Calciummangel werden sowohl das Pflanzenwachstum als auch die Wurzelbildung beeinträchtigt. Außerdem werden die Pflanzen anfälliger für Pilzkrankheiten. Die Mangelerscheinungen zeigen sich an den Rändern von jungen Blättern, die Vegetationspunkte der Triebe sterben ab, sodass die Pflanze von oben her abstirbt.

Schwefel [S]
Schwefel dient vor allem dem Eiweißaufbau und ist für Stoffwechselvorgänge wichtig. Schwefel findet sich überwiegend bei Kreuzblütlern wie Kohlarten, Senf-und Zwiebelgewächsen und ist ein sehr wichtiger Zellbestandteil, der vor Insektenfraß schützen kann. Schwefelmangel äußert sich ähnlich wie Stickstoffmangel. Die Wachstumshemmung zeigt sich beim Schwefelmangel allerdings zuerst an den jungen Blättern. Aufgrund seiner speziellen Verbindung kann Schwefel Schwermetalle ausfällen und unschädlich machen.

Kurzfazit Düngung und Nährstoffe

Grundsätzlich wird auf Balkonen länger gedüngt als im Garten, und zwar so lange, wie Blumen, Kräuter, Gemüse blühen, wachsen, reifen und gedeihen. Während im Garten nur bis Johanni [24. Juni] gedüngt wird, dürfen auf dem Balkon noch bis Ende Juli die Pflanzen mit Dünger verwöhnt werden.

Alle Pflanzen haben einen unterschiedlichen Nährstoffbedarf, der bei der Düngung unbedingt berücksichtigt werden muss. Organischer Dünger ist für das Bodenleben, die Pflanzen, den Geschmack von Gemüse, Obst und Kräutern unerlässlich. Nährstoffmangel schadet den Pflanzen ebenso wie Überdüngung. Wo immer möglich, sind große Gefäße für das Wohlergehen der Pflanzen von Vorteil.

Beobachten Sie das Wachstum, die Blütenbildung und das gesamte Erscheinungsbild Ihrer Pflanzen, gelbe Blätter oder starker Blattfall zeigen Nährstoffmangel an. Aus der obigen Liste über die Nährstoffe können Sie versuchen, Rückschlüsse auf die Mangelerscheinungen Ihrer Pflanzen zu ziehen, die sich mit der richtigen Düngergabe oft beseitigen lassen.

Kapitel 3
Neue Chancen für die Selbstversorgung

Für Gärtnerinnen und Gärtner bringt der Klimawandel nicht nur Nachteile mit sich, wir müssen uns aber darauf einstellen, indem wir beispielsweise auf neue Sorten setzen – oder auf altbekannte, weil die in milderen Wintern ihre Chance bekommen. Mit den geeigneten Pflanzen lassen sich Gaumenfreuden und optische Reize verbinden.

Die Coronapandemie hat unseren Alltag verändert. Durch den Ausfall von Lieferketten wurden einige Produkte knapp. Viele Menschen hamsterten große Vorräte an Lebensmitteln, die Sorge, keine frischen Lebensmittel mehr kaufen zu können, hat dazu geführt, dass der Wunsch nach Selbstversorgung wieder größer geworden ist. Auch die seit Anfang 2022 stark gestiegenen Lebensmittelpreise machen Eigenanbau wieder interessant.

Gemüsevielfalt aus dem Hochbeet

Dabei ist dieser Trend nicht wirklich neu. Seit mindestens 15 Jahren engagieren sich Menschen zunehmend als Gärtnerinnen und Gärtner, interessieren sich für Wildkräuter und Heilpflanzen. Das Bewusstsein für eine ökologische Ernährungsweise ist stark gestiegen, der Fleischkonsum geht zurück, Vegetarier und Veganerinnen sind keine Exoten mehr. Zugleich entwickelte sich eine Tendenz zur Autarkie, zur Selbstversorgung mit regionalen und saisonalen Produkten. Das Wissen um besonders umweltschädliche Produktlinien, etwa darum, dass die Produktion von ein paar wenigen Avocados tausend Liter Wasser verschlingt, führt immer öfter zu freiwilligem Verzicht.

Wer sich mit Pflanzen und dem Anbau von Obst, Gemüse und Kräutern beschäftigt, entwickelt ein anderes Verständnis für die Natur und eine andere Beziehung zu unseren Lebens-Mitteln. Wer darum weiß, was unsere Pflanzen zum Wachstum benötigen, geht mit Lebensmitteln sorgsamer um. Jeder selbst gesäte, pikierte und gepflanzte Kohlrabi erfährt eine besondere Wertschätzung. Blätter von Radieschen, Kohlrabi und Rote Bete landen nicht mehr in der Tonne, sondern werden mitverarbeitet, weil sie gesund sind und viele Mineral- und Nährstoffe enthalten. Rezepte zu ihrer Verwendung gibt es inzwischen reichlich.

Gärtnern, ob im eigenen Garten oder auf kleinem Raum auf Balkon oder Terrasse, schafft tatsächlich vielfache wunderbare Nebeneffekte:

- Sie bekommen gesunde und schmackhafte Lebensmittel in Bioqualität frisch auf den Tisch.
- Sie haben umweltschädliche Transportwege, Emissionen und Verpackungsmüll vermieden.
- Sie haben zusammen mit Abertausenden anderen Gärtnerinnen und Gärtnern einen Beitrag zur Steigerung der Artenvielfalt geleistet und durch Ihre grüne Oase die Klimaerhitzung etwas zurückgedreht.
- Sie haben Ihre Pflanzen wachsen und gedeihen sehen und daher so manchen Glücksmoment erlebt.

Veränderte Bedingungen bringen auch Vorteile

Der Klimawandel fordert von uns Menschen, sich an die veränderten Bedingungen anzupassen. Solche Anpassungsprozesse finden in der Natur permanent statt. Pflanzen können längere Wurzeln ausbilden, um an Wasser zu gelangen, manche Tiere in kühlere Gegenden abwandern. Für unsere Pflanzen bedeutet das, dass die robustesten Arten überleben, und das sind nicht immer die, auf die die konventionelle Landwirtschaft setzt.

Eine Anpassung des Saatguts an veränderte Klimabedingungen spielt dort kaum eine Rolle, vermeintliche Probleme oder Pilzkrankheiten werden sofort bekämpft, und das Hybrid-Saatgut lässt sich nicht weitervermehren.

Alte Obst- und Gemüsesorten haben vor allem durch den nicht gewerblichen Anbau eine neue, reelle Chance bekommen, sich mit ihren über Jahrhunderte angepassten Genen auch im Klimawandel zu beweisen. Organisationen wie der Verein zur Erhaltung der Nutzpflanzenvielfalt e. V. (VEN) setzen sich für den Erhalt alter Sorten ein. Einige dieser Sorten können Trockenheit und Hitze gut vertragen, weil sie sich über Jahrzehnte immer wieder aufs Neue an die jeweiligen Bedingungen anpassen mussten.

Neue Sorten aus dem Süden

Je wärmer unsere Sommer werden, umso mehr halten wir nach Obst- und Gemüsesorten Ausschau, die in südlicheren Gegenden angebaut werden. An besonders milden Standorten wachsen heute bereits ganz andere Pflanzen, als das noch vor einigen Jahrzehnten der Fall war. Das Klima in Mitteleuropa eignet sich immer besser für den Anbau von Kiwis, Feigen, Artischocken, Okraschoten, Chili, Auberginen, Wasser- und Zuckermelonen, Wein, Zitrusfrüchten, Süßkartoffeln, Ingwer und Erdnüssen. Besonders mediterrane Kräuter vertragen Hitze und längere Trockenheit sehr gut und sind als Küchengewürze genauso beliebt wie bei den Bienen.

Inzwischen bauen Landwirte Auberginen, Paprika und Zuckermais als Freilandkultur an, was vor 30 Jahren noch aus Südeuropa importiert werden musste. Damit können viele Ressourcen und Energie eingespart werden.

Milde Standorte wie das Moseltal werden im Klimawandel häufiger.

Früherer Saisonbeginn am Balkon

Seit Jahrhunderten beobachten die Menschen die Natur und notieren den Blühbeginn von Pflanzen, die Reifezeit von Früchten oder

Herrliche Apfelblüte

den Beginn des Laubfalls. Aus diesem Erfahrungs- und Beobachtungswissen resultierte der sogenannte Phänologische Kalender, der zehn Jahreszeiten berücksichtigt; der Kalender beginnt mit dem Vorfrühling und endet mit Spätherbst und Winter. Im Gegensatz zu den vier astronomischen Jahreszeiten sind die phänologischen Perioden nicht an feste Kalenderdaten gebunden.

Laut Deutschem Wetterdienst (DWD) zeigen sich die Auswirkungen des Klimawandels vor allem in einer längeren Vegetationsperiode, entsprechend haben sich alle phänologischen Jahreszeiten mehr oder weniger stark verschoben. Ursprünglich galt der Vollfrühling im Mai als Start für die Apfelblüte. Mittlerweile blühen Apfelbäume bereits im April, also zwei bis drei Wochen früher. Zu dieser Zeit sind Fröste jederzeit möglich, eine große Gefahr für die gesamte Obstblüte. Blüten, die bei Februartemperaturen von 20 °C voreilig erschienen sind, haben nachfolgende Spätfröste nicht überlebt.

Als Imkerin beobachte ich sehr genau, wie sich die Vegetation entwickelt. Meine Beobachtung ist, dass die Apfelblüte in den vergangenen Frühjahren oft schon Anfang April stattfand. Deshalb überrascht es mich nicht, dass meine Apfelernten immer geringer ausfallen. Zu dieser Zeit sind Spätfröste und niedrige Temperaturen, bei denen noch keine Honigbienen fliegen können, normal.

Der zeitigere Start ins Frühjahr bietet aber auch die Chance, den Anbau bewährter kältetoleranter Sorten wie die Aussaat von Erbsen, Radieschen und Rettich um zwei bis drei Wochen vorzuziehen, vor allem auf einem geschützten Balkon. In besonders kalten Nächten können Sie die empfindlichen Jungpflanzen mit einem Kälteschutzvlies schützen.

Kältetoleranter Porree

Saisonverlängerung für kältetolerante Gemüsearten

Klimaforscher prognostizieren, dass es immer mehr frostfreie Wintermonate geben wird. In solchen milden Jahren wird sich der Winteranbau auf Balkon und Fensterbrett immer mehr lohnen. Neben den frostfesten Sorten verlängern die kältetoleranten Gemüse- und Salatsorten unser Gartenjahr ganz entscheidend. Wir starten inzwischen viel früher ins Balkonjahr, und wir säen und pflanzen Wintersalate und Wintergemüse im Spätsommer und im Herbst bis zum ersten Frost.

Je nachdem, wie groß die Anbauflächen sind, eignen sich für den späten Anbau Chinakohl, Stangensellerie, Endivien, Friséesalat, Mangold, Porree, Radieschen, Pflücksalat, Frühlingszwiebeln, Winterheckenzwiebeln, Spinat, Palmkohl und Zuckerhut und können an frostfreien Tagen jederzeit geerntet werden.

In **Perioden ohne Frost** können Kapuzinerkresse, Schnittlauch, Pimpinelle, Römischer Ampfer, Kleiner Schildampfer und Blattsenf jederzeit geerntet werden. Das Gleiche gilt für Wildpflanzen wie Brennnessel, Vogelmiere, Löwenzahn, Gänsefingerkraut, Schafgarbe und Spitzwegerich; werden sie öfter geerntet, treiben sie immer wieder frische Blätter nach.

Vogelmiere

Auf den ersten Blick scheinen Kopfsalate die Verlierer des Klimawandels zu sein, doch ihr Anbau gelingt, wenn wir die richtigen Sorten sehr früh oder sehr spät säen oder pflanzen. Im Hochsommer neigen Kopfsalate zum vorzeitigen Blühen.

Besser geeignet sind jedoch die **frosttoleranten Pflücksalate**, die auch leichte Minusgrade aushalten. Im Unterschied zu Kopfsalaten bilden Pflücksalate keinen »Kopf«, und die Blätter können regelmäßig von außen nach innen geerntet werden. Geeignete Sorten sind hier: Roter und Grüner Eichblattsalat, Lollo Rosso.

Mini-Gewächshauser

Kleine Gewächshäuser gibt es mittlerweile auch für Balkone. Auf Terrassen können etwas größere Modelle stehen, die in Schrankform oder als Anlehngewächshaus im Handel angeboten werden. Vor oder direkt an eine Hauswand angelehnt, profitieren die Pflanzen nachts von der gespeicherten Wärme.

In diesen Gewächshäusern können im Herbst Gartenkresse, Winterpostelein, Feldsalat, Kopfsalat, Knoblauch, Radieschen, Winterheckenzwiebeln, Pflücksalat und Spinat gesät oder gepflanzt werden. Aufgrund der geschützten Situation wachsen diese Kulturen auch in den kalten Monaten und können ständig geerntet werden.

Wichtig ist das richtige Saatgut speziell für späte Aussaaten.

Mini-Gewächshäuser verlängern die Saison.

Frühlingszwiebel (oben), Hirschhornwegerich (unten)

Ganzjähriger Anbau (frostfester) Salate und Gemüse

Auf geschützten Balkonen ist für manche Sorten ganzjähriger Anbau möglich, auf dem Fensterbrett bieten sich vielfache Möglichkeiten, wenn auch auf sehr kleinem Raum.

Aussaaten und Erntezeiten werden durch milde Herbst- und Frühwinterzeiten verlängert und können noch sehr spät erfolgen. Auf bereits abgeernteten Flächen oder in Lücken von Gefäßen und in Balkonkästen lassen sich im Herbst Feldsalat, Spinat, Asia- und Pflücksalate und Winterpostelein aussäen und im Frühjahr ernten. Bei Aussaat im September kann – je nach Witterung – schon ca. 6 bis 8 Wochen später geerntet werden.

Empfehlenswerte **winterharte Sorten** sind bei ausreichend Platz: Lauch (Porree) sowie Rosen- und Grünkohl. Die Frühlings- oder Winter(hecken)zwiebel Allium fistulosum (mit der »Braunschaligen« und der »Rein Weißen« existieren zwei alte winterharte Sorten) kann mehrere Jahre an ihrem Standort bleiben. Bei Frost ziehen die Röhren wie beim Schnittlauch ein und treiben im März wieder aus.

Für größere Gefäße, vor allem für Hochbeete, eignen sich mehrjährige Gemüsesorten gut. Kleine Kübel brauchen einen guten Winterschutz, da sie schnell durchfrieren können.

Frosthartes Gemüse für mehrere Ernten sind Schnittmangold, Wilde Rauke und Blattstilgemüse, für einmalige Ernte Porree (Lauch); fortlaufend ernten lassen sich Grünkohl, Palmkohl (Blätter) und Rosenkohl.

Frostharte Salate sind die Asiasorten aus der Familie der Kreuzblütler wie Green in Snow, Red Giant, Mizuna und Moutarde Rouge Metis. Einmalig ernten lassen sich Feldsalat und Winterpostelein, der Hirschhornwegerich ermöglicht mehrere Ernten.

TIPP

Beim Kauf von Saatgut für Herbst- und Wintergemüse und Salate bei der Sortenwahl unbedingt darauf achten, ob es sich um Frühjahrs-, Sommer-, Herbst- oder Wintersaatgut handelt. Kaufen Sie nur **ungebeiztes, ökologisches Saatgut**, das »samenfest« ist, also kein Hybridsaatgut mit der Bezeichnung F1. Bei Salaten gibt es Sorten für jede Jahreszeit. Um Erfolg zu haben, sollte immer das entsprechende Saatgut für die jeweilige Jahreszeit verwendet werden.

Wintererntetipps

- Auch im Winter müssen Pflanzen an frostfreien Tagen **unbedingt gegossen** werden, lassen Sie aber kein Wasser im Untersetzer stehen, die Wurzeln würden sonst verfaulen.
- Es empfiehlt sich, auch im Winter ausreichend **Mulchmaterial** um die Pflanzen herumzulegen.
- Pflanzkübel an die **schützende Hauswand** rücken und auf eine Kork- oder Styroporplatte stellen, um vor Bodenfrost zu schützen
- Nur sehr frostempfindliche Pflanzen wie Rosmarin erhalten eine **dicke Wärmehülle** aus Stroh oder Heu. Rosen, Stauden und Gehölze brauchen keinen Winterschutz.
- Je größer die Gefäße sind, umso weniger besteht die Gefahr, dass die Wurzeln erfrieren.
- Frostempfindliche Pflanzen wie Agapanthus, Canna, Dahlien, Lorbeer, Oleander, Zitrusbäumchen ins **Winterquartier** bringen.
- Verblühte Stängel und Blütenstände **nicht abschneiden**, sie »kompostieren« über den Winter und halten dadurch die Erde feucht. Deren Samen bieten den Vögeln im Winter Nahrung.
- Bei Hülsenfrüchtlern wie Bohnen, Erbsen etc. auch die **Wurzel** im Frühjahr **im Boden belassen**, da die Pflanzen dort Stickstoffdepots gebildet haben, die anderen Pflanzen zur Verfügung stehen.

Schönheit, Genuss und Sinnesfreuden mit Blumen, Stauden und Kräutern

Um den Balkon zu unserer Wohlfühloase werden zu lassen, sollten nicht nur Salate und Gemüse wachsen, auch Blumen, Teekräuter, Heil- und Duftpflanzen erfreuen unsere Sinne. Wer gerne gärtnert, braucht Blumen und Blütenfarben wie die Luft zum Leben. Die Blütenpracht inmitten der Mischkultur mit buntem Gemüse kann eine zauberhafte Wirkung hervorrufen.

Wilde Malve

Blumenfülle mit einjährigen Sommerblumen

Altbewährte einjährige Blumensorten sind:

- Jungfer im Grünen (Nigella damascena)
- Kapuzinerkresse (Tropaeolum majus)
- Klatschmohn (Papaver rhoeas)
- Löwenmäulchen (Antirrhinum majus)
- Ringelblumen (Calendula officinalis)
- Schmuckkörbchen (Cosmea; Kosmos bipinnatus)

- Wilde Malve [Malva sylvestris]
- Zinnien [Zinnia elegans]

Robuste Nachtkerze

Mehrjährige, Wärme liebende Pflanzen

Sehr **robuste heimische Wildpflanzen**, die kaum Pflege benötigen, insektenfreundlich und trockenheitsresistent sind, sind die zwei- bis mehrjährigen Arten:

- Glockenblumenarten [Campanula], mehrjährig
- Königskerze [Verbascum bombyciferum], zweijährig
- Nachtkerze [Oenothera biennis], zweijährig
- Rispige Graslilie [Anthericum ramosum], mehrjährig
- Skabiose [Scabiosa], mehrjährig
- Wegwarte [Cichorium intybus], zweijährig

Für größere Gefäße sind **mehrjährige Stauden** geeignet, die mit Trockenheit, Hitze und wenig Wasser zurechtkommen. Alle Arten sind zudem sehr beliebt bei Bienen, Hummeln und Schmetterlingen:

- Affodil [Asphodelus albus]
- Andorn [Mäuseohr; Marrubium vulgare]
- Frühjahrs-, Sommer- und Herbstastern in verschiedenen Sorten
- Bart-Iris [Iris germanica]
- Berg-Flockenblumen [Centaurea montana]
- Blauer Stauden-Lein [Linum perenne]
- Echter Gamander [Edel-Gamander; Teucrium chamaedrys]
- Fetthenne [Sedum telephium]
- Graues Heiligenkraut [Santolina chamaecyparissus]
- Katzenminze [Nepeta x faassenii]
- Kleine Goldrute [Solidago cutleri]
- Kleine Kugeldistel [Echinops ritro ssp. Ruthenicus, Platinum Blue]
- Kleines Mannstreu [Eryngium planum]
- Kokardenblume [Gaillardia x grandiflora]

Prachtkerze [links], Kugeldistel [rechts]

- Kugeldistel [Echinops ritro]
- Lavendel [Lavandula angustifolia]
- Patagonisches Eisenkraut [Verbena bonariensis]
- Prachtkerze [Gaura lindheimeri]
- Purpur-Witwenblume [Knautia macedonica]
- Sonnenbraut [Helenium]
- Steppenkerzen [Eremurus]
- Storchschnabel [Geranium]
- Rote und Weiße Spornblume [Centranthus]
- Steppensalbei [Salvia nemorosa]
- Steppen-Wolfsmilch [Euphoriba seguieriana]
- Türkenmohn [Papaver orientale]
- Wiesen-Ehrenpreis [Veronica longifolia]
- Wollziest [Stachys byzantina]

Kleine **Wärme liebende Halbsträucher** für die Sonne sind:

- Bartblume [Caryopteris clandonensis]
- Blauraute [Perovskia atriplicifolia]
- Säckelblume [Ceanothus leucodermis]

Einige **Stauden** stehen gerne **in voller Sonne**, leiden aber, sobald die Erde austrocknet. In Trockenperioden und bei großer Hitze muss man sie daher regelmäßig gießen. Dazu gehören:

- Indianernessel [Monarda didyma]
- Phlox [Phlox]
- Rittersporn [Delphinium]
- Sonnenauge [Heliopsis helianthoides]
- Sonnenbraut [Helenium-Hybriden]
- Sonnenhut [Rudbeckia]
- Staudensonnenblumen [Helianthus]

Rittersporn [links], Phlox [rechts]

Anis-Ysop, Indianernessel, Lavendel, Zitronenverbene (von oben nach unten)

Teekräuter – das Schöne und Nützliche

Kräuter sind nicht nur schön anzusehen, die Blüten der folgenden werden alle gerne von Bienen, Hummeln und anderen Insekten besucht. Aus den frischen oder getrockneten Pflanzenteilen lassen sich aufgrund ihrer Heilwirkung wunderbare Tees herstellen. Alle Kräuter vertragen Wärme und sonnige Standorte.

Robuste mehrjährige Teekräuter

- Anis-Ysop (Duftnessel)
- Brennnessel
- Fenchel
- Frauenmantel
- Indianernessel (Goldmelisse)
- Kamille
- Minzearten (alle)
- Schafgarbe
- Zitronenmelisse

Mediterrane Teekräuter

- Griechischer Bergtee
- Lavendel
- Oregano
- Rosmarin
- Salbei
- Thymian

Nicht winterharte Teekräuter und Blüten

- Ringelblume
- Tagetes
- Wilde Malve
- Zitronenverbene

TIPP

Mediterrane Kräuter, vor allem Rosmarinsorten, sind frostempfindlich. Sie können auf dem Balkon überwintern, benötigen jedoch einen **Winterschutz**. Wickeln Sie den Rosmarin vollständig in eine dicke Packung aus Schafwolle, Stroh oder Heu ein. Stellen Sie den Topf auf eine erhöhte Unterlage, und rücken Sie ihn nahe an die Wand. An frostfreien Tagen sollten Sie alle Pflanzen gießen; sie benötigen auch in Winterzeiten Wasser. Häufig erfrieren Pflanzen nicht, sondern vertrocknen.

Eigenes Obst vom Naschbalkon

Aufgrund der begrenzten zur Verfügung stehenden Fläche auf dem Balkon schaffen wir es leider nicht, uns komplett selbst mit Obst und Gemüse zu versorgen, wie das in einem Permakulturgarten möglich ist. Ein Balkon bietet aber trotzdem die Chance, eine große Vielfalt an Blumen, Gemüse, Kräutern und sogar Obst zu ernten.

Für den Naschbalkon eignet sich Beerenobst besonders gut. Eine möglichst große Sortenvielfalt ist eine Bereicherung für unsere Gesundheit, da alle Obstsorten unterschiedliche Inhaltsstoffe in sich tragen, die wichtig für unser Immunsystem sind. Beeren, Kern- und Steinobst bringen nicht nur unterschiedliche Geschmackserlebnisse, sondern beinhalten viele sekundäre Pflanzenstoffe, Anthocyane, Vitamine, Mineralstoffe und haben eine besondere Heilwirkung.

Vielfältiges Beerenobst

Aroniabeeren (Apfelbeere, Rosengewächs)
Der Strauch wird etwa 100 bis 200 Zentimeter hoch, ist aber langsam wachsend. Er hat doldenartige Blütenstände mit zehn bis 20 Blüten. Die erbsengroßen schwarzen Früchte sind meist ab Mitte September reif. Sie gehören nicht zum typischen Naschobst, da sie roh nicht genießbar sind. Am besten schmecken sie gekocht, als Saft oder Marmelade und Gelee. Aronia sind dafür bekannt, dass sie viele Vitamine, Mineral- und Farbstoffe enthalten; sie gelten als starkes Antioxidantium, sind wirksam gegen Gefäß- sowie Herz-Kreislauf-Erkrankungen und dienen der Krebsvorbeugung.

Aroniabeere (oben), Brombeere (unten)

Brombeeren (Rosengewächs)
Brombeeren wachsen sehr ausufernd mit langen Ranken und sind nur bedingt balkongeeignet, wobei es auch dornenlose Sorten gibt. Das ist praktischer, aber sie sind oft nicht so schmackhaft wie die bedornte Urform. Sie tragen nur an den zweijährigen Trieben.

Die langen Ranken müssen gut befestigt werden. Dafür benötigt man eine Balkonbrüstung oder ein Rankgerüst. Die Topfgröße sollte so groß wie möglich gewählt werden.

Erdbeeren (Rosengewächs)
Erdbeeren zählen zu den beliebtesten Obstsorten, die wenig Platz benötigen und auf keinem Balkon fehlen sollten. Es gibt einmal und mehrmals tragende Sorten. Kaufen Sie möglichst mehrmals tragende, um öfter mal naschen zu können.

Erdbeeren im Pflanzturm

Die geschmackvollsten Erdbeeren sind die Monatserdbeeren. Sie haben nahezu das gleiche Aroma wie Walderdbeeren, aber die Früchte sind etwas größer. Der Ertrag ist gering, aber beständig. Düngen Sie die mehrjährigen Erdbeeren möglichst im Herbst mit organischem Dünger, damit sie im Folgejahr einen guten Blütenansatz bilden.

Wer wenig Platz hat, kann Erdbeeren in Hängeampeln pflanzen oder übereinander in einen Pflanzturm oder ein Vertikalbeet. Erdbeeren eignen sich auch wunderbar als Unterpflanzung zu (Beeren-) Hochstämmchen.

Felsenbirnen (Rosengewächs)
Felsenbirnen gibt es in Strauchform oder als Baum. Für größere Balkone oder Terrassen bieten sie sich als Sonnenschutz an; sie gedeihen in der Sonne oder im Halbschatten und sind trockenresistent. Die reifen, säurearmen Früchte sind dunkelviolett, süß und schmecken ein wenig nach Marzipan. Die Gehölze sind robust, frosthart und pflegeleicht. Die Blüten duften und locken Bienen an.

Heidelbeeren (Heidekrautgewächs)
Sie benötigen eine saure Erde und einen eigenen, relativ großen Topf mit einem Durchmesser von ca. 60 Zentimeter und einer Höhe von 60 bis 80 cm. Zum Ausreifen der Früchte und für deren Geschmack ist die volle Sonne notwendig.

TIPP

Es gibt auch **saure Erden** für Heidelbeeren oder Rhododendren, die torffrei sind.

Himbeere

Himbeeren (Rosengewächs)
Bei Himbeeren unterscheidet man frühe und späte Sorten, Sommer- und Herbsthimbeeren. **Sommerhimbeeren** lassen sich schon zum Sommeranfang ernten, sind ertragreicher und geschmacklich meistens im Vorteil. Die Sommerhimbeeren tragen ihre Früchte an den zweijährigen Ruten. Das macht die Sache etwas kompliziert, da die Ruten für die Früchte regelmäßig so geschnitten werden müssen, dass nur die neuen Ruten stehen bleiben.

Da Sommerhimbeeren nur für kurze Zeit Früchte tragen, sind **Herbsthimbeeren** für den Balkon besser geeignet. Sie werden jährlich direkt nach der Ernte geschnitten und tragen schon im folgenden Sommer an den neuen Trieben Früchte. Eine fortlaufende Ernte bis in den Herbst ist möglich. Besonders schmackhaft und säurearm sind die gelben Herbsthimbeeren, die schon im Sommer bis zum Frost Früchte tragen.

Himbeeren sind Flachwurzler und wachsen in die Breite. Sie benötigen daher keinen besonders tiefen Topf (über 30 cm), dafür aber einen mit großem Durchmesser (50 bis 80 cm). Mit Wurmtee, Wurmhumus oder Kompost gedüngt, fördert man eine gute Blütenbildung.

Johannisbeeren (Stachelbeergewächs)
Bei den Johannisbeeren gibt es schwarze, rote und weiße Sorten. Weiße Johannisbeeren haben weniger Säure als rote Beeren. Am gesündesten sind die Schwarzen Johannisbeeren.

Um Platz zu sparen, können Sie Hochstämmchen auf Ihren Balkon pflanzen. Darunter lassen sich Salate, Blumen oder Erdbeeren pflanzen. Die Topfhöhe sollte mindestens 60 bis 80 Zentimeter betragen, der Durchmesser 50 bis 80.

Rote Johannisbeere (oben), Jostabeere (unten)

Jostabeeren (Stachelbeergewächs)
Jostabeeren erhielten ihren Namen infolge der Kreuzung von Schwarzer Jo-hannisbeere und Sta-chelbeere. Die Früchte sind schwarz, schmecken süß-säuerlich und sind der Stachelbeere sehr ähnlich. Schauen Sie auch hier nach platzsparenden Hochstämmchen, die unterpflanzt werden können.

Kiwibeere (Strahlengriffelgewächs)
Wer Kiwis anbauen möchte, braucht in der Regel eine männliche und eine weibliche Pflanze. Bei der Kiwibeere, auch Bayern-Kiwi oder Weiki genannt, handelt es sich um eine ca. 3 m hohe Kletterpflanze, ähnlich einer Liane, die auch zur Fassadenbegrünung geeignet ist. Es gibt Sorten mit rotem Fruchtfleisch. Die Früchte sind in etwa so groß wie Stachelbeeren und werden mit der Schale verzehrt. Als besonders schmackhafte Sorten wurde »Victoria« aus einer Zusammenarbeit mit der bayerischen Landesanstalt für Wein- und Gartenbau entwickelt. Die roten Sorten heißen »Scarlet September« oder »Hardy Red«.

Für kleine Balkone eignen sich vor allem die kleinen selbstfruchtbaren Züchtungen der Säulen- oder Minikiwis oder auch die Duokiwis. Alle Kiwis sind Flachwurzler und benötigen für ihre Entwicklung ein großes Gefäß und eine humose, gleichmäßig feuchte, gut durchlüftete und leicht saure Erde. Besonders hervorzuheben ist die Winterhärte der Kiwibeere, die bis zu -30 °C reicht. Die Kiwibeeren sind widerstandsfähig gegen Krankheiten.

Kiwibeere

Stachelbeere

Stachelbeeren (Stachelbeergewächs)
Stachelbeeren gibt es ebenfalls in einer sehr großen Sortenvielfalt als Grüne, Weiße, Gelbe und Rote Stachelbeeren. Sie unterscheiden sich in der Süße, im Reifezeitpunkt und darin, ob sie sehr behaart sind oder weniger. Alle schmecken verschieden.

Aus Platzgründen sind auch Hochstämme geeignet. Sie kosten etwas mehr, aber die kleine Fläche um den Stamm kann ganzjährig genutzt werden. Horizontaler und vertikaler Anbau ergänzen sich hier bestens. Die Topfhöhe sollte mindestens 60 cm betragen, der Durchmesser 50 bis 80 Zentimeter. Nur bei Hochstämmchen ist eine Unterpflanzung möglich.

Weintrauben (Weinrebengewächs)
Weintrauben sind unsere ältesten Kulturpflanzen und sehr gesund, da sie mineralstoff- und vitaminreich sind. Besonders wertvoll sind die Schalen und Kerne der Trauben, die als Antioxidantien wirken. Meiner Erfahrung nach ist die blaue Traubensorte Muscat bleu sehr schmackhaft und süß. Kaufen Sie möglichst keine kernlosen Sorten. Das wertvolle und teure Traubenkernöl, das aus Traubenkernen gewonnen wird, zeigt, wie wertvoll die Inhaltsstoffe sind. Weintrauben lassen sich sehr gut über die gesamte Balkonlänge und -breite ziehen, sodass die Trauben für eine gute Beschattung sorgen. Da sie Tiefwurzler sind, sollte das Gefäß eine Höhe von 60 bis 80 Zentimeter haben.

Obstbäume: die richtige Sortenwahl

Nicht nur Beerensträucher, auch Obstgehölze bereichern jeden Naschbalkon. Unterschieden wird zwischen Kern- und Steinobst, Kernobst eignet sich sehr gut für den Schnitt von Obstbaumspalieren. Entscheidend bei der Baumauswahl für den Balkon oder Terrasse sind die angebotenen Wuchsformen und Wuchsgrößen.

Zwergobstbaum

Die verschiedenen Wuchsformen in der Kurzübersicht

- **Zwergobstbäume** sind nur ca. 1,2 bis 1,5 Meter hoch; im Gegensatz zum Säulenobst haben sie eine Krone wie ein richtiger Obstbaum; für die Unterpflanzung eignen sich Flachwurzler wie Salate, Beeren, Radieschen etc.
- **Säulenobst** wächst schlank und platzsparend nach oben, verfügt nur über kurze Äste; es besteht im Wesentlichen aus der Mittelachse, aus kleinen Trieben sprießen Blüten und Blätter. Ein regelmäßiger Schnitt ist außer bei Säulenäpfeln bei allen anderen Obstsorten erforderlich.

- **Spindel-** oder **Buschbäume** bilden Kronen und viele Früchte; sie benötigen viel mehr Platz und größere Gefäße als Zwergobstbäume, Säulenobst oder Spalierbäume. Es gibt ein riesiges Angebot alter Obstsorten.
- **Spalier-** bzw. **Formbäume** können platzsparend als Sicht- und Windschutz mit einem Rankgerüst freistehend oder in Form gezogen an Wänden kultiviert werden; es ist ein regelmäßiger Schnitt erforderlich. Spalierbäume mit mehreren Sorten von z. B. Äpfeln an einem Baum sind empfehlenswert.

Spalierobst

Die Lebensdauer von Zwerg- und Säulenobst ist – je nach Obstart – begrenzt auf etwa acht bis zwölf Jahre, und die Erträge werden im Laufe der Zeit geringer. Spindel- oder Buschbäume können mehrere Jahrzehnte alt werden. Das sind allerdings Erfahrungswerte aus dem Garten. In Kübeln ist mehr Pflege nötig, und man benötigt nährstoffreiche Erde und große Gefäße, um einen Obstbaum am Leben zu erhalten.

Die zum Spalier gezogenen Bäume sind attraktiv, platzsparend, und sie fügen sich an jede sonnige Mauer oder auch freistehend auf dem Balkon ein. Auf Terrassen lassen sich mit Spalierbäumen unterschiedliche Räume gestalten. Spalierobstbäume gibt es mittlerweile auch für Birnen, Kirschen, Pfirsiche, Aprikosen, Zwetschgen.

Spalierobstbäume kann man durch entsprechende Schnitttechnik selbst erziehen. Baumschulen bieten ein sehr großes Sortiment an bereits erzogenen Spalierbäumen und Mehrsortenbäumen an.

INFO

Man hat festgestellt, dass **Apfelallergien sortenabhängig** sind. Neue Apfelsorten können im Gegensatz zu alten Sorten allergieauslösend sein. Häufig kommt es dann zu einer Kreuzallergie durch andere Lebensmittel. Einige alte Sorten werden von Allergikern besonders gut vertragen, vermutlich ist hierfür ihr hoher Gehalt an Polyphenolen (mit)verantwortlich: Die **Polyphenole** gehen mit den allergieauslösenden Eiweißen eine Verbindung ein, können sie so neutralisieren und die allergischen Reaktionen vermindern.

INFO

Alle Obstgehölze und alle Beeren brauchen **viel Licht und viel Sonne.** Sie sind nicht für den Nordbalkon geeignet. Hat der Balkon eine Süd-Ost-Ausrichtung oder eine Süd-West-Ausrichtung, sollte der Obstanbau gelingen, vorausgesetzt, der Balkon ist nicht von Bäumen oder anderen Häusern stark beschattet.

»Wenn ich wüsste, dass morgen die Welt unterginge, pflanzte ich doch heute noch einen Apfelbaum.« [Martin Luther zugeschrieben]

Apfelbäume sind Flachwurzler, weshalb der Gefäßdurchmesser nicht kleiner als 80 bis 100 Zentimeter betragen soll. Bei Säulenobst kann es auch ein etwas kleineres Gefäß sein. Apfelbäume vertragen Frost, Wind, Sonne, Regen.

Birnbäume sind anspruchslos und bilden Pfahlwurzeln aus, weshalb tiefe Gefäße nötig sind [ca. 80 bis 100 cm]. Als Säulenobst werden sie [teils deutlich] über einen Meter hoch, für den Balkon werden verschiedene Spalierobstsorten angeboten.

Pfirsiche werden als weiße, gelbe und rote Sorten oder als Tellerpfirsiche angeboten. Sie benötigen einen regengeschützten Standort genauso wie auch Nektarinen. Beide werden von der Kräuselkrankheit befallen; **Aprikosenbäume** sind frostempfindlich und benötigen einen geschützten, warmen Standort.

Obst und [Kultur-]Geschichte

Obstbäume haben in Persien, Ägypten und in arabischen Ländern eine lange Tradition. Auf Tempelinschriften von Theben ist nachlesbar, dass bereits Ramses II. [1292–1225 v. Chr.] in seinem Garten Apfelbäume pflanzen ließ. Perser und Griechen, die später die Herrschaft übernahmen, fanden eine reichhaltige Obstkultur vor. Nicht nur in den Gärten der Städte, auch an den Straßen wurden Obstbäume gepflanzt.

Plinius d. Ä. schrieb, dass es in Germanien wildes Obst von wenig angenehmem und herbem Geschmack und scharfem Geruch gebe. Unter den Tausenden Pflanzen seiner Naturenzyklopädie »Naturalis historia« beschrieb er 71 Sorten Weinreben, 39 Sorten Birnen und 23 Sorten Äpfel. Durch die weite Ausdehnung des Römischen Reiches wurden in ganz Europa veredelte, kultivierte Obstsorten verbreitet.

Hildegard von Bingen (um 1098 –1179) beschrieb in ihrem dritten Buch über Bäume alle damals in Germanien kultivierten Obstarten und Obstsorten.

Ein weiterer wichtiger mittelalterlicher Naturwissenschaftler war Albertus Magnus (um 1193–1280), der den Garten nicht als reinen Nutzgarten, sondern erstmals auch als Quelle für Erholung und zur Belebung der Sinne sah und dem die Schönheit und Vielfalt der Pflanzen ebenso wichtig waren wie deren Nährwerte und Heilkräfte.

Heilwirkung von Obst

Gewöhnlich essen wir Obst, weil es besonders gut schmeckt, eine große Abwechslung in unseren Speiseplan bringt und jede Sorte einen ganz speziellen Charakter und Geschmack hat. Himbeeren oder Erdbeeren sind das beliebteste Naschobst bei Kindern und Erwachsenen. Nicht nur der Geschmack, allein schon der Duft von Früchten und die vielen Farben sind verführerisch.

Beerenfrüchte enthalten zudem viele Vitamine, Mineralstoffe, sekundäre Pflanzenstoffe wie Flavonoide und Anthocyane, die in ihrer Gesamtheit antioxidativ (gegen freie Radikale), antiviral, entzündungshemmend und blutdruckregulierend wirksam sind.

Früchte und ihre Inhaltsstoffe

Frucht/Art	Inhaltsstoffe	Wirksamkeit
Aronia	Vitamin C, Flavonoide, Polyphenole, Anthocyanfarbstoffe, Gerbstoffe, Eisen, Jod, Folsäure, Magnesium	blutdruckregulierend, durchblutungsfördernd, entkrampfend, entzündungshemmend, immunstimulierend
Brombeere	Eisen, Calcium, Ellagsäure, Vitamin A, Magnesium	entgiftend, krebshemmend, blutdrucksenkend, gut für Haut und Schleimhäute
Erdbeere	Vitamin C, Flavonoide, Salicylsäure, Gerbstoffe, Calzium, Kalium, Eisen, Ellagsäure	stoffwechselanregend; gegen Durchfall, Rheuma und Gicht

Hagebutte

Frucht/Art	Inhaltsstoffe	Wirksamkeit
Hagebutte	Vitamin C, Pektin	antioxidativ, abwehrstärkend, verdauungsfördernd, entzündungshemmend
Heidelbeere	Vitamin C, Vitamin E, Betacarotin, Eisen, Kalium, Natrium, Pektin, Quercetin, Anthocyane	entzündungshemmend, blutbildend; gegen Durchfall, Magenschmerzen und bei Blasenschwäche, blutdrucksenkend
Himbeere	Vitamin C, Vitamin A, Rutin, Biotin, Kalium, Magnesium, Eisen, Ellagsäure	fiebersenkend, blutreinigend, knochenbildend, Unterstützung bei Magen-Darm-Katarrhen, fördert die Verdauung
Johannisbeere	Vitamin C, Calzium, Kalium, Eisen, Phosphor, Zitronensäure, Pektin	gegen Rheuma und Gicht, entgiftend, antibakteriell, immunsystemstärkend, harntreibend
Stachelbeere	Vitamin C, Silicium, Zitronensäure, Calzium, Kalium, Magnesium, Pektin	verdauungsfördernd, entwässernd, kräftigend für Haare und Nägel
Apfel	Vitamin C, Vitamin B, Vitamin A, Fruchtsäuren, Lävulose, Dextrose, Apfelsäure, Milchsäure, Oxalsäure, Gerbsäure, Salicylsäure, Pektin, Phosphor, Wachs	blutreinigend, wirkt bei Arteriosklerose, Durchfall, Ekzemen, Fettsucht, Gicht, Heiserkeit, Hämorrhoiden, Nervosität, Rheuma, Skorbut, Verstopfung
Aprikose	Vitamine B1, B2, Vitamin C, Kalium, Eisen, Provitamin A (Carotin), Calzium, Phosphor	gut für Immunsystem, Knochen, Zähne und Stoffwechsel
Birne	Eisen, Folsäure, Kalium, Kupfer, Jod, Magnesium, Phosphat, Zink	blutdrucksenkend, schmerzlindernd bei Gicht, Rheuma, Arthritis, antimikrobiell, blutbildend, entwässernd

Aprikose

Frucht/Art	Inhaltsstoffe	Wirksamkeit
Echte Feige	B-Vitamine [B1, B2, B3, B5, B6, B9], Kalium, Calzium, Eisen	stoffwechselfördernd, basisch, reguliert Säurehaushalt im Darm
Kirsche	Vitamin A und C, Folsäure, Kieselsäure, Kalium, Calzium, Zink, Phosphor, Magnesium, Eisen, Melatonin	anzuwenden bei Gicht, rheumatischen Beschwerden, Osteoporose; verdauungsfördernd; Tee aus Stielen und Blättern hilft gegen Husten und Atemwegserkrankungen; Kirschkernsäckchen helfen bei Muskelverspannungen, Bauch-, Regel- und Kopfschmerzen
Kiwibeeren	Vitamin C und E, Magnesium, Calzium, Phosphor	stärkt Haut, Haare und Knochen; antioxidativ, stärkend für Nerven, Verdauung, kann auch allergisch wirken
Pfirsich	Pektin, Ascorbinsäure, Phosphor, Eisen	Stärkung der Gefäßwände, vorbeugend zur Vermeidung von Arthritis, Gicht; fördert Beweglichkeit der Gelenke, immunsystemstärkend
Weintrauben	Vitamine A, B, E, Betacarotin, Kalium, Calzium, Phosphor, Eisen, Mangan, Zink, Kupfer	Reife Trauben wirken blutbildend und -reinigend sowie stärkend; wirken bei Arteriosklerose, Fettleibigkeit, Leberleiden, Verstopfung; Blätter als Tee oder Kompresse helfen bei Gicht, Rheuma, Krampfadern.
Zwetschge/ Pflaume	Kalium, Calzium, Eisen, Vitamine A, B, C, E, Magnesium, Zink, Anthocyane	entzündungshemmend, gegen Rheuma, Osteoporose; harntreibend, bei Leber- und Gichtbeschwerden, hautstraffend.

Feige (oben), Kirsche (unten)

Pflaumen

Blüten vom Balkon oder aus der Natur

Sie sind nicht nur eine Augenweide, sondern auch in der Küche vielfältig für salzige Speisen oder süße Desserts verwendbar.

Süße Varianten

Holunderblüten zum Sommerbeginn können als Sirup oder als gebackene Holunderküchlein genossen werden; Rosenblüten von Duftrosen lassen sich zu Rosengelee, zu Rosenzucker, Rosenessig verwandeln. Kamillenblüten können über Obstsalate gestreut oder zu einem Parfait verarbeitet werden; aus Duftveilchen wird Sirup, oder Sie kandieren die Blüten; Akazien-, Linden- oder Fliederblüten ergeben schmackhaften Sirup.

Blüten für salzige oder saure Varianten

Von folgenden Frühjahrspflanzen können wir Blüten ernten und über Salate und Gemüse geben:

Bärlauch

- Ackersenf
- Bärlauch
- Barbarakraut (mehrjährig)
- Gänseblümchen
- Kapuzinerkresse (auch die Blätter; die grünen Samenstände wie Kapern einlegen)
- Knoblauchsrauke
- Kohlrabi (überwintert)
- Löwenzahn
- Radieschen (überwintert)
- Rucola
- Palmkohl (überwintert)
- Schnittlauch

In milden Wintern und in etwas geschützten Lagen können **Kohlarten** überdauern. Ihre äußerst schmackhaften Blüten bilden sie erst im zweiten Jahr aus. Aus den starken Pflanzen lässt sich eigenes Saatgut gewinnen, vorausgesetzt, es wurden nicht alle Blüten verzehrt.

Blüten von **Kreuzblütlern**, (alle Kohlarten) sind immer scharf aufgrund der Senfölglycoside und damit für die Atmungsorgane wertvoll und gesund.

Männliche Blüten (erkennbar am langen Stiel) von **Kürbis und Zucchini** können mit (Ziegen)Frischkäse gefüllt, meliert und ausgebacken werden.

Frisch gepflückt können genascht werden:

- Fuchsien; die Früchte sind ebenfalls essbar
- Nelken
- Phlox
- Pelargonien (Duftgeranien)
- Margeriten
- Stiefmütterchen
- Tagetes
- Taglilienblüten

Rosen-Pelargonie

Viele schöne Blüten vom Balkon eignen sich für die Teller- und Tischdekoration. Verwenden Sie aber **keine giftigen Pflanzen**, und verzehren Sie nicht die Blüten gekaufter Blumen. Lilien sind im Gegensatz zu Taglilien giftig und dürfen nicht auf den Teller.

Nutzung und Vorteile alter Sorten

Die Erhaltung unserer genetischen Ressourcen (u. a. Saatgut) ist seit der Umweltkonferenz in Rio (1992) als wichtigstes Ziel anerkannt worden. Ebenso stellen die alten Obstsorten ein bedeutendes Kulturgut dar, das es zu erhalten gilt.

INFO

»Die **globale Biodiversität** wird am effektivsten gesichert, indem das überlieferte Erbgut der einzelnen Landschaften gepflegt wird. Das bedeutet einerseits, die heimischen Bestände in ihrer ganzen standörtlichen und geographischen Bandbreite zu erhalten sowie ggf. zu entwickeln, andererseits durch die strikte Verwendung von autochthonem, d. h. im Ausbringungsgebiet gewonnenem Material der Verfremdung und Verfälschung vorzubauen.« (W. Zahlheimer / F. Schuwerk, www.flora-deutschlands.de)

Aus unseren Supermärkten ist die Vielfalt der Obst- und Gemüsesorten seit Jahrzehnten verschwunden. Die konventionelle Landwirtschaft hat sich darauf spezialisiert, nur noch wenige von der EU zugelassene Sorten anzubauen und zu vermarkten.

Da die Monokulturen auf den Feldern den Schädlingsbefall massiv erhöhen, wird Saatgut gezüchtet, das Pflanzen wachsen lässt, die resistent gegen Fraßfeinde und Pilzkrankheiten sind. Tomatensorten brauchen eine dicke Schale, um die langen Transportwege zu überstehen. Erdbeeren werden so manipuliert, dass sie ein festes Fruchtfleisch ausbilden, unter dem der Geschmack deutlich leidet.

Dabei gäbe es Hunderte Arten und Sorten, die an lokale Klimabedingungen perfekt angepasst sind. Die Artenvielfalt hat sich durch evolutionäre Prozesse über Millionen Jahre entwickeln können. Das Erbgut der Pflanzen beruht auf einem hochkomplexen System vielfältiger Wechselwirkungen. Pflanzen verfügen über eine große Anzahl von Stoffen, womit sie sich selbst schützen können. Dieser lange Anpassungsprozess beschert uns bis heute wertvollste Lebensmittel und Heilpflanzen, die noch immer Basis für unsere Medizin sind.

Natürliche Entwicklungen und gezielte Züchtungen haben aus der Wilden Möhre verschiedenste Möhrensorten geschaffen. Diese sind nicht nur geschmackvoll, sondern verfügen über wertvolle Inhaltsstoffe wie Mineralien, Vitamine, sekundäre Pflanzenstoffe, Anthocyane.

Wertvolle alte Sorten, die sich über einen langen Zeitraum an verschiedene Umweltveränderungen anpassen konnten, kommen mit dem Klimawandel besser zurecht als die Sorten, die nur auf Ertrag und Aussehen gezüchtet werden. Diese Sorten mögen gegenüber bestimmten Krankheiten resistent sein, aber Geschmack und wertvolle Inhaltsstoffe gehen verloren – zum Nachteil für unsere Ernährung und Gesundheit.

Alte Sorten vs. F1-Hybriden

Der Verein zum Erhalt der Nutzpflanzenvielfalt e. V. (VEN), Arche Noah, ProSpecieRara und viele weitere Organisationen kümmern sich um den Aufbau eines Netzwerkes für den Erhalt und die Weiterverbreitung alter samenfester Sorten.

Bei samenfestem Saatgut handelt es sich um vermehrbares Saatgut. Dem gegenüber stehen moderne Zuchtformen, die als F1-Hybride bezeichnet werden. Hybridsaatgut lässt sich nicht weitervermehren, und es muss jährlich neues Saatgut gekauft werden, um die Vorteile dieser Züchtungen nutzen zu können:

»Durch den Einsatz von Hybriden wird die natürliche Generationenfolge aufgelöst, und die fruchtbare Weiterentwicklung, die dem Menschen seit Tausenden von Jahren die Zucht von Kulturpflanzen ermöglicht hat, kommt zum Stillstand.« (Christina Henatsch, Kultursaatzüchterin)

Unsere Vorfahren haben in den letzten Jahrhunderten regionaltypische Obst- und Gemüsesorten durch Auslese gewonnen. »Je vielfältiger der Anbau, desto geringer ist die Wahrscheinlichkeit, dass Schädlinge große Schäden anrichten können. Viele der alten Nutzpflanzen wurden über hunderte und tausende Jahre hinweg gezüchtet und gepflegt – sie sind ein wichtiger Bestandteil der menschlichen Kulturgeschichte. Sie stehen für traditionelle Gerichte und für Heimat. Außerdem schmecken sie besser und eignen sich gut für den eigenen Garten.« (Cornelia Lehmann, Biologin an der Humboldt-Universität)

Mit den modernen Hybridsorten entstand eine Abhängigkeit von internationalen Saatgutkonzernen wie Monsanto, Syngenta und DuPont, die weltmarktbeherrschend auftreten. Sie bieten außerdem nur ein begrenztes Sortiment von landwirtschaftlichen und gärtnerischen Produkten an. Mit dieser einseitigen Produktpalette stirbt die biologische Vielfalt aus.

Ohne die Arbeit von Saatgutvereinen und Biosaatgutfirmen, die alte Sorten nachzüchten und für den Anbau zur Verfügung stellen, wären viele wertvolle Sämereien längst verschwunden. Ein Prozess, der nicht mehr umkehrbar ist. Mittlerweile stehen rund 1.800 Nutzpflanzen auf der Roten Liste der Bundesanstalt für Landwirtschaft und Ernährung und gelten damit als bedroht.

Kapitel 4
Cleveres Wassermanagement

Bislang war es undenkbar, dass wir uns im »immerfeuchten« Deutschland mit dem Thema Wasserverfügbarkeit befassen müssen. Doch wärmere und trockenere Sommer erfordern ein Umdenken. Mit richtigem Gießen lässt sich Wasser einsparen, und die gute alte Regentonne kommt zu neuen Ehren.

Warme Sommertage, laue Abende – welch ein Genuss! Wir verstehen es, uns mit Getränken oder einer kalten Dusche zu erfrischen, oder flüchten in schattige Biergärten. Aber was ist mit unseren Pflanzen?

Wassermangel – auch in Deutschland?

Im Sommer 2022 brachte der Klimawandel mit wochenlanger Trockenheit und Hitze sogar die Wasserversorger zum Schwitzen. An besonders trockenen Standorten ließ sich eine ausreichende Wasserversorgung für Privathaushalte, Industrie, Handel und Landwirtschaft nicht mehr ohne Weiteres sicherstellen.

Atomkraftwerke mussten heruntergefahren werden, weil nicht mehr genügend kühles Flusswasser zur Verfügung stand. Bäume, Wälder und landwirtschaftliche Kulturen litten noch mehr unter der Trockenheit als die Jahre zuvor. Die Grundwasserpegel sinken Jahr für Jahr immer weiter ab und füllen sich auch bei längeren Regenperioden nicht mehr auf, in manchen Regionen wird Wasser deshalb bereits rationiert. Wassersparen wird zu einem der wichtigsten gesellschaftspolitischen und sozialen Themen werden, denn alles Leben auf der Erde braucht Wasser.

In Zeiten des Klimawandels ist ein kluges Wassermanagement auf dem Balkon für das Gedeihen von Gemüse, Obst und Kräutern besonders wichtig. Damit unsere Pflanzen ausreichend versorgt sind, keinen Wassermangel erleiden und gleichzeitig Wasser eingespart wird, sollten Sie auf folgende »begleitende« Maßnahmen setzen:

1. Qualitativ **hochwertige Erde** ist das A & O für ein gesundes Wachstum. Humusreiche, torffreie Erde bietet alles, was Pflanzen brauchen, v. a. Wasser und Nährstoffe (siehe Seite 78ff.).
2. Nur **ausreichend tiefe, große Gefäße** bieten genug Wurzelraum für Ihre Pflanzen und bieten die Gewähr dafür, dass immer genug Wasser vorhanden ist, um Wachstum und Fruchtbildung dauerhaft aufrechtzuerhalten. Kleine Gefäße müssen oft gegossen werden, was die Erde versauert/versalzt; und sie heizen sich zu stark auf, sodass die Wurzeln überhitzen.
3. Hochbeete mit **Hügelbeetaufbau** sorgen für lang anhaltende Speicherung von Wasser und Nährstoffen (siehe Seite 75ff.).
4. Alle Gefäße sollten auf **großen Untersetzern** stehen, in denen sich Gießwasser sammeln kann; innerhalb kurzer Zeit ziehen die Wurzeln das Wasser nach oben. Verwenden Sie Balkonkästen und -kübel mit Wasserreservoir, das mehrere Liter Wasser speichert.

5. Sorgen Sie auf Balkon und Dachterrasse für ausreichend **Schatten** (siehe Seite 145ff.).

6. Achten Sie bei der **Auswahl der Pflanzen** (vor allem auf Südbalkonen) auf trockenheits- und hitzeresistente Arten (siehe Seite 27ff.).

7. Pflanzen Sie intensiv unter Anwendung der Erkenntnisse der **Mischkultur** (siehe Seite 45ff.).

8. Betreiben Sie **regelmäßige Bodenpflege**, und lockern Sie die Erde regelmäßig, um die Verdunstungsröhren zu unterbrechen. Darüber hinaus wirkt Mulchen Wunder! (s. Seite 83f.)

9. Setzen Sie auf **wasserspeichernden Dünger** wie Schafwollpellets (siehe Seite 98ff.).

Schatten wirkt Wunder.

Gießen will gelernt sein

Über die oben erwähnten Maßnahmen hinaus ist richtiges Gießen natürlich besonders wichtig. Hier lauern durchaus Fallstricke, bzw. man kann einiges falsch machen, denn Wasser ist nicht gleich Wasser, und nicht jeder Zeitpunkt ist in jedem Fall der richtige.

Wann und wie viel sollte gegossen werden?

- Frühaufsteher werden evtl. noch im Pyjama gießen, wenn die Sonne noch schwach scheint. Das hat den Vorteil, dass sich das Wasser dann langsam in der noch kühlen Erde verteilen kann.
- nach dem Gießen Mulchmaterial auflegen, um die Verdunstung zu stoppen
- lieber einmal intensiv gießen, auch abends, anstatt mehrmals nur sparsam
- nicht über die Pflanzen, sondern über den gesamten Wurzelbereich großzügig gießen
- nach Möglichkeit nicht in der Mittags- oder Nachmittagszeit gießen
- Bei bedecktem Himmel oder bei kühlem Wetter brauchen Pflanzen weniger Wasser.
- bei starker Sonnenstrahlung an Sonnenschutz (Schirm, Markise) denken
- Staunässe unbedingt vermeiden

Womit sollte gegossen werden?

Am besten ist die Verwendung von **Regenwasser**, denn es enthält keinen Kalk, den viele Pflanzen nicht gut vertragen. Wenn Sie direkten Zugang zum Regenabflussrohr haben, ist der Einbau einer Regenrohrklappe möglich. Dann können Sie das Regenwasser in Bottichen oder kleinen Regentonnen sammeln (Mieter*Innen müssen sich die

Regenwasser sinnvoll nutzen

Genehmigung für den Einbau vorab einholen). Wenn die Regenrohrklappe nach Befüllen der Gefäße wieder geschlossen wird, besteht keine Gefahr, dass es bei Starkregen eine Überschwemmung gibt. Allerdings sollte die Klappe nur bei Ihrer Anwesenheit offen sein; lohnenswert ist die Anschaffung einer Regenrohrklappe mit Schwimmer, die automatisch schließt.

Beachten Sie unbedingt die maximal zulässige Traglast Ihres Balkons (siehe Seite 66). Beim Sammeln von Regenwasser auf dem Balkon sollte das Wasser möglichst auf mehrere kleinere Gefäße verteilt werden, anstatt ein großes Fass aufzustellen. 300 Liter Wasser wiegen (inkl. Fass) über 300 Kilogramm – auf einen Quadratmeter Fläche ist das erheblich zu viel. Auf ebenerdigen Terrassen können Regentonnen hingegen ohne statische Überprüfung aufgestellt werden.

Wenn es keine Möglichkeit gibt, Regenwasser über das Regenrohr zu sammeln, kann nur mit Leitungswasser gegossen werden. In diesem Fall ist es empfehlenswert, das Leitungswasser in mehrere Gießkannen zu füllen und einige Zeit stehen zu lassen, durch die Erwärmung fällt Kalk teilweise aus. Ein hoher Kalkgehalt kann die Aufnahme wichtiger Stoffelemente von den Pflanzenwurzeln hemmen bzw. verhindern.

Kalkfreies Regenwasser

TIPP

Fragen Sie bei Ihrer Gemeinde/Wasserbehörde nach, wie hoch der ***Kalkgehalt*** *ist. Die Werte können sich je nach Region stark unterscheiden. Kalkhaltige Gebiete liefern »hartes« bis »sehr hartes Wasser«. Diese Werte sind übrigens auch für die richtige Dosierung der Reinigungsmittel für Ihre Spül- und Waschmaschinen wichtig.*

Gießen Sie zu guter Letzt nicht mit **kaltem Wasser**, vor allem nicht bei großer Hitze. Wenn nicht gemulcht und die Erde von der Sonnenstrahlung stark aufgeheizt wurde, bedeutet kaltes Wasser Stress für die überhitzten Pflanzenwurzeln. Destilliertes Wasser ist übrigens ungeeignet, da es keine Nährstoffe enthält.

Wie hoch ist der Wasserbedarf?

Mediterrane Pflanzen wie Thymian, Lavendel, Rosmarin haben einen geringeren Wasserbedarf als Gemüsepflanzen und Obststräucher. Der

Wasserbedarf von Flachwurzlern und Pflanzen in kleineren Gefäßen ist generell höher.

Trockenresistente Pflanzen sollten nach Bedarf gegossen werden; mit der Fingerprobe erkennen Sie, ob die Erde noch feucht ist.

Gießen Sie auf keinen Fall zu viel und zu oft, sonst wird die Erde »sauer«, und die Wurzeln können faulen.

Beerengehölze, Obstgehölze, Kürbisgewächse, Nachtschattengewächse, Pfefferminze und Schnittlauch wollen mit etwas mehr Wasser verwöhnt werden, vor allem während der Blüte- und Fruchtbildungszeit.

TIPP

Für vergessene, zu wenig geliebte, nicht gegossene Pflanzen gilt: Topf sofort aus der Sonne nehmen und so lange in einen Kübel mit lauwarmem Wasser tauchen, bis keine Luftblasen mehr aufsteigen und sich die **Erde vollsaugen** konnte.

Während einer Hitzeperiode können Sie Ihre Pflanzen richtig kennenlernen: Während der Salbei noch aufrecht steht, lässt die Margerite bereits den Kopf hängen. Pflanzen sind auch Individuen und wollen als solche behandelt, in diesem Falle gegossen werden.

Aber: **Pflanzen können auch »erzogen« werden**. Man kann sie durchaus daran gewöhnen, dass es nicht sofort bei jedem Hängen der Blätter Wasser gibt. Werden die Pflanzen ständig gegossen, bilden sie kein tief gehendes Wurzelwerk aus. Werden sie hingegen nicht ständig verwöhnt, »merken« sie sich das und verstärken ihre Wurzelbildung, um zur tieferen, noch feuchten Erde zu gelangen. Idealerweise befindet sich dort ein Wasserspeicher im Gefäßboden.

TIPP

In der Küche wird viel Wasser mit dem Waschen von Obst und Gemüse verbraucht. Fangen Sie dieses Wasser auf, und gießen Sie Ihre Pflanzen damit. Verwenden Sie neben dem **Wasch**-, auch das (salzfreie) **Kochwasser** vom Eier-, Kartoffel- und Gemüsekochen fürs Gießen. Das hat zusätzlich einen düngenden Effekt, da beim Kochen Mineralstoffe ins Wasser übergehen, wie das Calzium von Eiern, das den Pflanzen zugutekommt. Auch kalter Kaffee oder Tee kann verdünnt vergossen werden.

Die besten Bewässerungsstrategien für die Urlaubszeit

Pflanzen können auch mal trocken stehen, aber nicht zu lange und nicht zu oft. Eine schwierige Zeit ist natürlich die Urlaubszeit – das aufgefüllte Wasserreservoir in Balkonhängekästen reicht für das verlängerte Wochenende, aber sicher nicht für den zweiwöchigen Sommerurlaub. Damit Ihre Pflanzen den überleben, brauchen Sie entweder eine Urlaubsvertretung, oder Sie setzen auf eine mehr oder weniger raffinierte Technik.

Tröpfchenbewässerung

Tonkegel

Tröpfchenbewässerung am Wasserhahn
Bei längerer und häufigerer Abwesenheit empfiehlt sich eine Bewässerungsanlage mit Tröpfchenbewässerung, die an einen Wasserhahn mit Zeitschaltuhr angeschlossen wird.

Tonkegel und Plastikflaschen
Bei dieser Methode kommen unterschiedlich große PET-Flaschen zum Einsatz, je nach Größe der Pflanzgefäße und je nach Wasserbedarf. Für Balkonhängekästen eignen sich kleinere Flaschen mit einem Inhalt von 0,5 bis 0,75 Litern.

Die dazu notwendigen Tonkegel werden zuerst gewässert und dann auf die mit Wasser gefüllte Flasche geschraubt. Der Tonkegel mit dem Flaschenaufsatz wird dann möglichst tief in die Erde gesteckt, sodass die Stabilität auch bei Wind gewährleistet ist. Das Wasser sickert je nach Feuchtigkeitsgrad der Erde in das Substrat. Wichtig ist, dass Sie die Erde vorher unbedingt gut gießen.
Pro Balkonhängekasten mit 1 Meter Länge benötigen Sie 2 bis 3 Flaschen mit jeweils 0,75 Liter Volumen, für größere und tiefere Gefäße entsprechend mehr. Unbedingt sturmsicher fixieren.

Nachteilig ist, dass sich der Wasserinhalt bei voller Sonneneinwirkung so stark erhitzen kann, dass die Pflanzenwurzeln beschädigt werden.

Tonkegel mit Tröpfchenbewässerung

Dieses System ist gut für die Urlaubszeit geeignet, aber es ist sehr kompliziert anzubringen. Man braucht dazu viele Tonkegel, dünne Schläuche und einen Wassertank, der erhöht stehen muss, also über den Balkongefäßen.

Ein im Wassertank hängender Schlauch wird mit den dünnen Schläuchen, die in die Tonkegel gesteckt werden, verbunden. Die Tonkegel werden in die Erde gesteckt und verteilen das Wasser. Mit dieser Methode gibt es keine ästhetischen Probleme, da man die Schläuche gut zwischen den Pflanzen verstecken kann. Das System kann daher ganzjährig an den Kästen und Kübeln verbleiben. Am Schlauch kann ein Hahn angebracht werden, falls die Bewässerung nicht nötig ist. Weiterer Vorteil: Weder ein Wasserhahn noch elektrische Energie sind erforderlich.

TIPP

Es gibt mittlerweile verschiedene Systeme im Handel, die mit einem separaten Wasserreservoir arbeiten und keinen Wasserhahnanschluss, dafür aber einen Stromzugang benötigen. Damit lassen sich die Wassermengen mit einer **Zeitschaltuhr** zuteilen.

Kapitel 5
Kühle Oasen schaffen

In großen Städten, vor allem in den Innenstädten, fühlt sich das Klima im Hochsommer wie in einer Sauna an. Im Zentrum der meisten Großstädte gibt es kaum Bäume oder Parkanlagen, in den Fußgängerzonen verlieren sich vereinzelt Blumengefäße aus Beton. Städte sind Wärmeinseln, die es im Klimawandel zu kühlen gilt, da ist jeder zusätzliche Quadratmeter »Grün« für das Wohlbefinden wichtig.

Städte waren schon immer wärmer als ihr Umland. Windstille, zu wenige Frischluftschneisen, versiegelte Oberflächen und wenig Grün haben Städte zu **Wärmeinseln** werden lassen. Besonders deutlich wird das bei wolkenfreien und windschwachen Wetterlagen und vor allem nachts, wenn Asphalt und Beton die gespeicherte Wärme abstrahlen. Versuchen Sie deshalb den Balkon als ganzjähriges Erlebnis und für ganzjähriges Ernten zu gestalten. Viel Grün ist für die Seele gut, und wenn wir den Balkon oder eine Terrasse mit mehrjährigen Stauden und Gehölzen bepflanzen, schaffen wir für uns eine kühle Oase zum Wohlfühlen, zum Ernten und als Treffpunkt für nette Menschen.

Wie die Hitze Mensch, Tier und Pflanzen zu schaffen macht

In Innenstädten ist die Temperatur ca. 3 °C höher als am Stadtrand oder im Umland. Im Zentrum einer Großstadt kann der Unterschied sogar bis zu 5 °C betragen, und die Luft ist in Innenstädten häufig extrem trocken. Besonders belastend wirken Temperaturen über 30 °C für Mensch, Tier und Pflanze. Gesundheitlich vorbelastete, ältere Menschen und Kleinkinder sind von Hitze besonders betroffen. Weniger leistungsfähig oder geschwächt sind wir jedoch alle, weil unser Körper permanent damit beschäftigt ist, seine Kerntemperatur von 37 °C zu halten.

INFO

Wie häufig und wie stark Menschen von Hitzewellen betroffen sind, hängt auch davon ab, wo sie leben. Besonders häufig von Hitzewellen betroffen sind der **Südwesten** und die **östlichen Regionen Deutschlands**. Man geht davon aus, dass der Klimawandel die Situation in diesen Gegenden noch verschärfen wird.

Hitze macht auch Tieren zu schaffen.

Viele Tiere haben keine Schweißdrüsen und leiden besonders unter hohen Temperaturen. Hunde hecheln, um ihre Körperwärme zu reduzieren. Kühe und Pferde können nicht auf die Weide, weil sie entweder einen Sonnenbrand bekämen oder bei 40 °C einen tödlichen Hitzschlag erleiden könnten. Was uns hilft, hilft auch Tieren: Sie benötigen schattige Plätze und müssen viel Wasser trinken, um nicht zu kollabieren.

Und wie geht es den Pflanzen bei zunehmender Wärme? »Ein gesunder Baum steckt gelegentlichen Hitzestress gut weg. Doch mit der Gesundheit unserer Stadtbäume steht es nicht zum Besten: Eine Langzeitstudie der Stadt München brachte an den Tag, dass die Bäume im Stadtgebiet seit 1984 immer kränker geworden sind. Über vier Fünftel der untersuchten 30.000 Bäume waren im extrem trockenheißen Jahr 2003 in ihrer Vitalität mehr oder weniger stark geschädigt. Am besten kamen Pyramidenpappel, Rosskastanie, Robinie und Bergahorn mit den Bedingungen in der Stadt zurecht. Schwer gestresst waren dagegen Esche, Platane, Sommerlinde, Spitzahorn und Winterlinde.« (NABU)

Bei großer Hitze und Trockenheit sind vor allem die frühen Entwicklungsstadien von Blüten und Samen gefährdet. Hitzestress bei der Samen- und Fruchtausbildung führt zu kleineren Samen und Früchten. Bei den Blüten kann es zu Pollenschäden kommen, sodass eine Befruchtung nicht mehr möglich ist; Bienen fliegen derart geschädigte Pflanzen eventuell gar nicht mehr an.

Plädoyer für Saatgut aus der Region

Auch bei Pflanzen gibt es so etwas wie ein Heimspiel. Oder, anders gesagt: Wenn das Saatgut aus der Region stammt, in der die Pflanze wächst, gedeiht sie auch besonders gut. Für sieben Wiesenpflanzen haben Wissenschaftler nun systematisch untersucht, welche Rolle die Herkunft des Saatguts für das spätere Gedeihen der Pflanze spielt. Dabei stellten sie fest, dass der Heimvorteil selbst bei ungewohnt hohen Temperaturen noch gilt.

Innerhalb einer Art haben sich die Varianten an die jeweilige Umgebung angepasst, an Regen, trockene Sommer oder karge Böden. Solche unterschiedlichen Anpassungsfähigkeiten treten also nicht erst auf, »wenn jemand in Brandenburg Saatgut aus Australien bestellt – bemerkbar machen sie sich bereits zwischen verschiedenen Regionen in Deutschland.« (Pflanzenforschung.de)

Schattenspender: Sonnensegel, Markise & Co.

Im Sommer 2022 musste ich meine Tomaten und alle anderen Pflanzen von der Südseite auf die Westseite stellen, damit sie nur die Vormittagssonne erhielten. Blätter und Früchte verbrannten, mein Thermometer hat es zerrissen, weil es in der prallen Sonne heißer als 50 °C wurde. Nur zwei Tomatenpflanzen konnten noch etwas länger stehen

Bambusrollos, einfach wie effektiv (oben), Sonnensegel (unten)

bleiben, weil sie etwas Schatten von einer sehr hoch wachsenden Kletterrose erhielten.

Diese Erfahrung zeigt, dass wir bei sehr hohen Temperaturen künftig für Balkon-Südseiten Sonnenschutz benötigen. Verschiedene Varianten sind vorstellbar, die sich an die schon vorhandene Gestaltung des Balkons gut anpassen lassen.

Achten Sie bei allen Materialien unbedingt darauf, dass diese UV-strahlungsbeständig und farbecht sind.

Sonnenschirme sind ein schnell und einfach anzubringender Sonnenschutz. Helle Farben reflektieren die Sonnenstrahlung am besten. Rechteckige Formen sind am vorteilhaftesten, weil sie nahezu nahtlos (im Gegensatz zu runden Schirmen) nebeneinander gestellt werden können.
Einfache **Bambusrollos** sind kostengünstig; bei Windstille sind sie eine gute Option, weil sie je nach Situation schnell rauf- oder runtergelassen werden können.

Auf Terrassen wirken **Sonnensegel** sehr elegant. Es gibt sie in vielen Größen und wenn doch einmal kein Handelsformat passt, kann man sich sein maßgeschneidertes Sonnensegel anfertigen lassen. Vielleicht können Sie ja auch selber nähen?

Achten Sie auf jeden Fall darauf, dass die Seile für die Verspannung eine sehr feste Verankerung haben, damit die Haken bei sehr starken Windböen nicht ausreißen.

Markisen leisten natürlich auch einen guten Sonnenschutz, auch wenn man sie sich nicht immer weit genug herauslassen kann. Im Handel gibt es auch Klemm-Markisen, die ohne Bohrung angebracht werden.

Pergola über Kleinbalkon, Bepflanzung folgt

Wenn Sie auf Ihrer Terrasse genug Platz haben, ist eine **Pergola** eine gute Wahl, um Ihrer Oase eine individuelle und gestalterische Note zu verleihen. Ein daran angebrachter **Baldachin** wirkt nicht nur bei brütender Hitze Wunder. Er kann, je nach Witterungsverhältnissen, geöffnet oder zugezogen werden.

Um starke Sonnenstrahlung bereits am Vormittag abzuhalten, wirken senkrecht angebrachte **Stoffbahnen** wie ein Vorhang, der die

Hitze zurückhält und bei Bedarf geöffnet oder geschlossen wird. Als dauerhafte Lösung bietet es sich an, eine Vorhangschiene anzubringen. Um Bohrarbeiten zu vermeiden, lassen sich Teleskopstangen verwenden.

Kreativ mit Stoffbahnen

Grüne Beschattung

Im Urlaub in einer Weinlaube sitzen und umgeben von Blättern und Reben ein Glas Wein genießen – im Grunde braucht es nicht viel mehr, um glücklich zu sein. Ein wenig kleiner, aber nicht weniger stimmungsvoll lässt sich auch der eigene Balkon als Weinlaube gestalten. Solange er genügend Wasser bekommt, verträgt Wein Wärme ziemlich gut, zusammen mit weiteren mediterranen Pflanzen und schattenspendenden Obstbäumchen lässt sich ein zweckmäßiges und optisch äußerst ansprechendes Ensemble zaubern.

Besonders Spalierobst spendet viel Schatten, bietet Sichtschutz und verbessert das Mikroklima auf dem Balkon; Säulenobstbäume erfüllen diese Funktion nur dann, wenn viele dicht nebeneinander stehen.

Mehrjährige rankende Pflanzen

Efeu ist eine schnell rankende Pflanze. Um ihr Wachstum zu begrenzen, kann Efeu in Spalierform in einem eigenen Gefäß mit Rankhilfe als Sonnenschutz dienen. Aufgrund seiner Wachsschicht auf den Blättern verträgt er auch sehr heiße Tage, die Erde muss aber immer feucht sein. Wenn Efeu mindestens sieben Jahre alt ist und sich die Blattform von spitz in rund verändert, bietet er im Spätsommer reichlich Nektar für Insekten und mit seinen Beeren Futter für die Vögel.

Hopfen wächst dicht, schön und schnell.

Hopfen ist ebenfalls ein schnell wachsendes Gehölz, der schöne Blätter entwickelt – und er ist dazu in der Küche und als Medizin einsetzbar. Die Hopfentriebe sind wie Spargel zuzubereiten und sehr schmackhaft. Die Hopfendolden (nur die der weiblichen Pflanzen werden verwendet) wirken beruhigend und aufgrund ihrer speziellen Bitterstoffe bakterientötend. Hopfen enthält Phytohormone, die bei Wechseljahrsbeschwerden auch in der Volksmedizin verwendet werden; sie gleichen das schwindende Östrogen etwas aus. Einnehmen lässt sich Hopfen als Tee oder Tinktur.

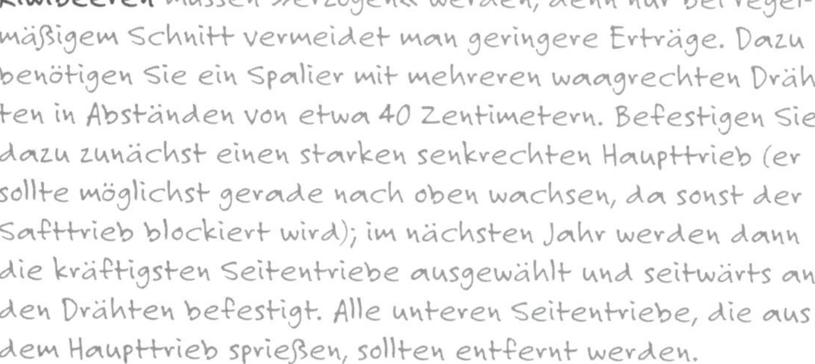

TIPP

Kiwibeeren müssen »erzogen« werden, denn nur bei regelmäßigem Schnitt vermeidet man geringere Erträge. Dazu benötigen Sie ein Spalier mit mehreren waagrechten Drähten in Abständen von etwa 40 Zentimetern. Befestigen Sie dazu zunächst einen starken senkrechten Haupttrieb (er sollte möglichst gerade nach oben wachsen, da sonst der Safttrieb blockiert wird); im nächsten Jahr werden dann die kräftigsten Seitentriebe ausgewählt und seitwärts an den Drähten befestigt. Alle unteren Seitentriebe, die aus dem Haupttrieb sprießen, sollten entfernt werden.

Die cremeweißen Schirmblüten der **Kletterhortensie** (Hydrangea petiolaris) werden gerne von Bienen und Insekten besucht. Sie wächst sehr langsam und mag auch Halbschatten.

Kletterrosen werden bis zu zwei Meter hoch. Sie bieten vielen Insektenarten Pollen und Nektar. Die duftenden Blütenblätter lassen sich wunderbar in Rosengelee, Rosenzucker, Rosenessig verwandeln, aus den Hagebutten lässt sich sehr vitaminreiche wie schmackhafte Marmelade herstellen – oder Sie lassen sie für die Vögel übrig.

TIPP

Die **Trompetenblume** (Campsis radicans) ist eine attraktive, sehr schnell wachsende, rankende Pflanze mit gelben, orangen oder roten Blüten. Da die Blüten an den Enden der jungen Triebe erscheinen, darf kein Sommerschnitt durchgeführt werden. Der Winterschnitt sollte im März erfolgen, wobei alle Seitentriebe wie bei Weinreben auf 4 bis 10 cm lange Zapfen geschnitten werden sollten und dünnes Holz entfernt wird.

Doppelter Blickfang: Kletterrose (oben), Trompetenblume (unten)

Die Blüten des **Wald-Geißblatts** (Lonicera periclymenum) sind für Nachtschmetterlinge und andere langrüsselige Insekten wie das

Taubenschwänzchen eine wichtige Nahrungsquelle, die roten Beeren sind bei Vögeln sehr beliebt. An warmen Abenden wird uns der süßliche Duft dieser Pflanze erfreuen, der vor allem Nachtschmetterlinge anlockt. Lonicera-Arten – im Volksmund »Je-länger-je-lieber« genannt – gibt es in vielen verschiedenen Farben von Gelb, Orange bis Rot.

Die **Waldrebe** [Clematis] ist eine sehr beliebte Kletterpflanze, die es in vielen verschiedenen Farben gibt. Der Wurzelbereich muss immer beschattet oder bepflanzt sein.

Winterjasmin [Jasminum nudiflorum] blüht in den Monaten Dezember bis März. Seine Wuchsform ist locker und stark überhängend. Die Pflanze klettert nicht und sollte daher angebunden werden. Sobald es warm genug ist, werden die gelben Blüten von Insekten besucht.

Taubenschwänzchen an Natternkopf [oben], dichter Winterjasmin [unten]

VORSICHT

Sollten Sie in einer windreichen Ecke wohnen, fungiert Ihr Sonnenschutz auch als **Windschutz**. Achten Sie dann darauf, Ihre Gefäße und Pflanzen so zu befestigen, dass sie auch jedem Wind widerstehen. Vor allem auf Dachterrassen, die Wind und Wetter viel stärker ausgesetzt sind als Balkone, müssen alle Pflanzgefäße wie Pergolen und das gesamte Mobiliar mit Gurten oder Spannseilen gesichert werden.

Einjährige, nicht winterharte Schattenspender

Die kletternde **Sternwinde** [Mina lobata oder Ipomoea lobata] zeigt sich während der Blütezeit von Juni bis Oktober mit orangen bis gelben Blütenrispen. Sie ist für Pergolen und Spaliere gut geeignet. Die Blätter und Blüten haben eine besonders schöne Form, aufgrund der Blütenfarben wird sie auch als »Spanische Flagge« bezeichnet. Sie ist bei Bienen sehr beliebt.

Wer einjährige Schattenspender pflanzt oder sät, kann sich jedes Jahr für eine andere Art und eine andere Farbe entscheiden. Bei der **Glockenrebe** [Cobaea] sind die Blüten zunächst grünlich, dann weiß

Sternwinde oder »Spanische Flagge«

und wechseln von blau-rosa nach violett. Die Glockenrebe hat eine lange Blütezeit von Juli bis Oktober, worüber sich Bienen und Hummeln freuen.

Die **Schwarzäugige Susanne** (Thunbergia alata) gehört zur Gattung der »Himmelsblumen«. Sie ist eine sehr beliebte Kletterpflanze für den Sichtschutz auf Balkonen. Attraktiv ist sie auch als hängende Ampelpflanze, die gerne von Insekten besucht wird.

Wenn Sie das **Kletternde Löwenmaul** (Asarina barclaiana) rechtzeitig aussäen, rankt es sich zwei bis drei Meter hoch und präsentiert vier bis fünf Zentimeter große Blüten, die es in verschiedenen roten bis violetten Farbtönen gibt. Die Insekten freuen sich über den Nektar. Die Blüten sind zudem essbar und schmecken aromatisch-süß.

Feuerbohne

Permakultur und Sonnenschutz

Zwischen Kletterrosen können **Feuerbohnen** (Phaseolus coccineus) gepflanzt werden. Dann vermischen sich nicht nur die Blütenfarben von Rose und Bohne, Sie betreiben damit ganz nebenbei auch Permakultur, weil die Rose von der Bohne mit Stickstoff versorgt wird. Der Clou in Sachen Sonnenschutz besteht darin, dass sich die Bohne an der Rose hochrankt. So wird der Sonnenschutz noch dichter, und es muss kein Rankgerüst aufgebaut werden.

Im Herbst sollten die Wurzeln im Boden belassen werden. Beide Pflanzen werden von unterschiedlichen Bestäubern besucht, und wir bekommen mit den Bohnen ein schmackhaftes wie gesundes Lebensmittel – besser lässt sich das Schöne mit dem Nützlichen kaum verbinden.

Fassadenbegrünung zur Klimaregulierung

Auf einem klimaangepassten Balkon sollte jeder Quadratzentimeter für den Anbau einer größtmöglichen Vielfalt genutzt werden. Idealerweise schafft die Begrünung der Balkonwände mit Kletterpflanzen eine zusätzliche Verbesserung des Mikroklimas. Kletterpflanzen können an Rankgerüsten oder anderen Kletterhilfen wachsen, die gut gesichert an der Wand oder an den Gefäßen befestigt sein sollten. Da die meisten Kletterpflanzen stark wüchsig sind, müssen sie regelmäßig geschnitten werden.

Kletterpflanzen auf Balkonen, Dachterrassen, Dachgärten und an Fassaden bringen viele Vorteile. Im Sommer schützen sie die Wände mit ihrem dichten Laub vor starker Sonnenstrahlung und im Winter vor Kälte. Manche dieser Kletterer können viele Stockwerke besiedeln und überdecken. Die Fassadenbegrünung erhöht die Verdunstungsleistung und wirkt wie eine Klimaanlage, durch den Reinigungseffekt verbessert sie die Luftqualität in der Stadt. Darüber hinaus bieten Kletterpflanzen Pollen und Nektar für Insekten sowie Futter, Winterschutz, Schlafplätze und Nistmöglichkeiten für Vögel.

Fassadenbegrünung in Perfektion

Kletterpflanzen – hilfreich, schön, aber auch problematisch

Kletterpflanzen unterscheidet man nach ihrer Art zu ranken in **Schlinger**, **Ranker**, **Haftkletterer** und **Spreizklimmer**. Bevor man sich für eine der schönen, mehrjährigen Kletterpflanzen entscheidet, sollte Klarheit darüber bestehen, welche Rankhilfe oder welches Klettergerüst notwendig ist, denn das Gewicht von Kletterpflanzen ist nicht zu unterschätzen.

Blauregen

Die Glyzinie (Blauregen) schlingt sich um alles, vom Blitzableiter bis zum Regenrohr. Wilder Wein und Efeu wachsen an Wänden hoch, dringen in Ritzen oder Fugen ein und benötigen kein Klettergerüst. Wohnen Sie zur Miete, sollten Sie Kletterpflanzen, die Haftwurzeln bilden, vermeiden. Efeu hinterlässt auch bei vollständiger Entfernung fast immer Spuren seiner **Haftwurzeln**. Auch Wilder Wein, so schön und nützlich er für Insekten und Vögel ist, hinterlässt seine Haftfüßchen in Form zahlreicher kleiner Punkte.

Blauregen ist nur dann eine wunderbare Fassadenbegrünung, wenn er an einem separaten Rankgerüst wachsen darf und darauf geachtet wird, dass er keinen anderen Weg nimmt. Ich würde davon abraten, obwohl er ein wunderbar duftender Kletterer mit lila oder weißen Blüten ist, die nicht nur Bienen, Hummeln und alle anderen Insekten mit Begeisterung aufsuchen. Aus seinen Blüten lässt sich ein sehr geschmackvoller Sirup herstellen.

Nachteil Haftfüßchen

Die am häufigsten verwendeten Kletterpflanzen für die Fassadenbegrünung sind:
Knöterich, Efeu, Kletterhortensie, Glyzinie (Blauregen) und Wilder Wein; in wärmeren Gegenden auch die Weinrebe.

Wilder Wein in Herbstfärbung

Für Balkone und Terrassen bietet es sich an, auf einjährige Nutzpflanzen zu setzen:
Neben Hopfen, Wein, Bohnen und Brombeeren beschatten in warmen Sommermonaten Erbsen, Kürbisgewächse, Gurken und Melonen den Balkon mit ihrem großen Blattvolumen – und Sie erweitern so ganz nebenbei Ihren Speiseplan mit eigenen Erzeugnissen. Sie benötigen reichliche Wassergaben.

Selbst Kapuzinerkresse mit ihren wunderbaren, sowohl gesunden als auch schmackhaften gelben, orangen oder roten Blüten können als Sicht- und Sonnenschutz entweder an einer Kletterhilfe von unten nach oben wachsen oder aus einer Hängeampel von oben nach unten.

Schisandra oder Chinesisches Spaltkörbchen

TIPP

Wer es exotisch mag, kann z. B. Schisandra, das **Chinesische Spaltkörbchen** (Schisandra chinensis), pflanzen. Die Früchte sind schmackhaft und essbar, werden in der TCM (Traditionelle Chinesische Medizin) für Heilungsprozesse eingesetzt und gelten seit Jahrhunderten als Mittel gegen Husten und Asthma.

Solarbalkonkraftwerke

Um eine eigene Photovoltaikanlage (PV) betreiben zu können, ist es nicht länger notwendig, ein eigenes Dach oder eine entsprechend große Freifläche zu haben – ein Balkon reicht bereits aus, um ein kleines Kraftwerk zu betreiben. Indem Sie Ihren eigenen Strom generieren, leisten Sie einen weiteren Beitrag zum Klimaschutz und senken zugleich Ihre Stromkosten.

Mit diesen Anlagen gewinnt man rasch Einblick, wie viel Strom erzeugt und wie viel Strom Ihre Elektrogeräte wie Kühlschrank, Radio, Computer und Fernseher verbrauchen. Das kann ein Anlass sein, das eigene Verhalten zu überdenken und weitere Einsparmöglichkeiten zu identifizieren.

Die kleinen PV-Anlagen decken in erster Linie die Grundlast. Angeschlossen werden die Minisolaranlagen mit einem Stecker direkt an das Stromnetz der Wohnung.

Photovoltaik funktioniert auf jedem Süd- oder Westbalkon.

Kapitel 6

Wildtierfreundlich gärtnern

Bei jedem Besuch auf dem Balkon kann man überrascht werden, wen man hier antreffen kann: Wildbienen, Hummeln, Honigbienen, Schmetterlinge, Schwebfliegen und verschiedenste Käferarten. Je nach Jahreszeit sind es immer andere Arten, die sich bei uns niederlassen: Im Hochsommer kann es das Taubenschwänzchen sein, vielleicht sogar der Aurorafalter – immer vorausgesetzt, wir haben die dazu notwendigen Futterpflanzen im Angebot.

Stadtparks kühlen und schaffen Vielfalt.

Kinder wie Erwachsene lassen sich von solchen fliegenden Besuchern begeistern. Es ist auch wirklich beeindruckend zu sehen, welche verschiedenen Strategien Insekten entwickelt haben, um Nektar und Pollen zu sammeln. Wer intensiv beobachtet, wird schnell feststellen, welche Pflanzen besonders begehrt sind und welche eher links liegen gelassen werden.

Welche Tiere bei Ihnen vorbeischauen, ist natürlich auch davon abhängig, wo Sie wohnen. In einer dicht bebauten Innenstadt mit wenig Grünanlagen werden weniger Insekten vorbeifliegen, am aufgelockert bebauten Stadtrand oder in der Nähe eines großen Stadtparks werden sich entsprechend vielfältigere Verhältnisse einstellen: Insekten werden von Pflanzendüften magisch angezogen. Gibt es über Ihren Balkon hinaus in der Nähe noch weitere Blütenangebote, können Sie Dauerbesuch erwarten.

Da Wildbienen und Hummeln nur sehr kleine Flugradien haben, sind sie auf ein vielfältiges, ganzjähriges und umfangreiches Angebot angewiesen. Im Gegensatz zur Honigbiene, die mehrere Kilometer überwindet, beträgt die Flugzone bei Wildbienen, Hummeln und Schmetterlingen je nach Art und Größe 70 bis maximal 700 Meter. Deshalb benötigen sie ein dichtes Netz an Futterquellen, die leicht erreichbar sind.

Blau- und Kohlmeise

Der Balkon als Lebensraum und Biotop

Wenn der Balkon ganzjährig und vielseitig bepflanzt ist, bietet er automatisch ein interessantes Angebot für Insekten, und dann lassen auch Vögel nicht mehr lange auf sich warten. Schließlich gibt es mit Blattläusen, Käfern und kleinen Raupen ein reichhaltiges Futterangebot, etwa für die Brut von Meisen.

Ist der Balkon dicht mit Kletterpflanzen bewachsen, ergeben sich dort exzellente Brutmöglichkeiten für Vögel. In meinem dichten Winterjasmin, der schon jahrelang spektakulär über die Balkonbrüstung hing, begann irgendwann eine Amsel ihr Nest zu bauen und erfolgreich zu brüten. Selbst ein Seidenschwanz, der unterwegs in südliche Gefilde war, besuchte unseren urwaldähnlichen Balkon.

Balkone können ein wunderbares Refugium für Menschen, Tiere und Pflanzen sein, in dem sich alle wohlfühlen und alle etwas zum Naschen finden. Wir können Sie zu kleinen Lebensräumen für viele Tiere entwickeln, wenn wir Vielfalt anbieten und eine gewisse Unordnung zulassen.

In der Natur räumt niemand auf

Schneiden Sie im Herbst keine Pflanzen zurück, und lassen Sie bis auf kranke Pflanzen oder Blätter mit Mehltau alles stehen. Das meiste kompostiert sich selbst und wirkt so zugleich als Dünger und Bodenschutz.

Um Wildbienen und Schmetterlingen einen möglichst intakten Lebensraum zu bieten, sollten sie an Stängeln und Blättern überwintern können. Schmetterlinge legen Eier an ihren Futterpflanzen ab. Durch die übermäßige Ordnungsliebe greifen wir in die Lebenswelt von Insekten ein und zerstören dadurch deren »Biotop«.

Nehmen wir uns ein Beispiel an der Natur, dort räumt auch niemand auf. Laub, abgestorbenes Holz und Pflanzenreste werden zu wertvoller Erde und Humus, und dieses nachhaltige Prinzip, das uns die Natur vorlebt, können wir leicht in unser Verhalten integrieren.

Es ist schon lange bekannt, dass in unseren Großstädten mittlerweile eine größere Artenvielfalt anzutreffen ist als in den überdüngten und mit Pestiziden totgespritzten Äckern. In unserer ausgeräumten Agrarlandschaften, wo zwischen den Feldern weder schützende Hecken noch Bäume vorhanden sind, finden Bienen und andere Insektenarten kaum noch Pollen, Nektar und die für sie notwendigen Futterpflanzen.

Ordnung kennt nur der Mensch.

Balkone und Terrassen sind wertvolle Zufluchtsorte für alle Arten, die vom Land in die Stadt gewandert sind. Eine Statistik aus dem Jahr 2020 hat gezeigt, dass von 59 Millionen Balkonen nur 25 Millionen Balkone bepflanzt sind. Das entspricht nicht mal der Hälfte und bedeutet, dass wir ein ungenutztes Potenzial von 35 Millionen Balkonen haben, die bepflanzt werden können. Denn was kann es Schöneres geben, als wenn Insekten und Vögel bei uns vorbeischauen und sich bei uns wohlfühlen.

Schneeheide

Bestäuber anlocken mit ihren Lieblingspflanzen

Der Balkon kann zu allen Jahreszeiten interessant für bestäubende Insekten sein. Die Schnee- oder Christrosen [Helleborus] bieten sogar in kalten Wintermonaten Pollen an. Außer den bereits erwähnten Gehölzen können auf größeren Balkon auch Zaubernuss oder Winterforsythie ab Dezember bis März ihre duftenden Blüten zeigen. Aufgrund der langen Herbst- und kurzen Wintermonate fliegen die bei uns überwinternden Schmetterlinge und Honigbienen bei warmem Wetter schon sehr frühzeitig aus und suchen Futterquellen. Besonders beliebt sind dann Traubenhyazinthe, Schneeheide [Erica carnea] und Englische Heide [Erica darleyensis].

TIPP

Wollen Sie Insekten auf dem Balkon unterstützen, sollten Sie die **Knospenheide** (Calluna vulgaris) **meiden**. Die Pflanze wurde so gezüchtet, dass sich die Knospen nicht öffnen können und weder Pollen noch Nektar anbieten. Damit wollen uns die Produzenten das »ewige Leben« der Pflanze vorgaukeln; da die Blüten sich nicht öffnen, fallen sie auch nicht ab. Es gibt für Frühling, Sommer und Herbst Erikasorten, auf die Bienen und Hummeln regelrecht fliegen. Für den Winterbalkon eignet sich die **Schneeheide** (Erica carnea).

Wenn Sie Hummeln, Wildbienen und Schmetterlinge fördern möchten, sollten Sie möglichst viele verschiedene Wildblumen und Stauden mit offenen Blüten auf Ihrem Balkon anpflanzen. Aber auch blühende Kräuter und Gemüse ziehen ganz bestimmte Insekten magisch an. Es ist ziemlich einfach, Honigbienen mit Blüten zur Bestäubung anzulocken, für den Erhalt und die Förderung der Artenvielfalt sorgen aber vor allem unsere heimischen Wildblumen. Die Glockenblumen-Scherenbiene ist beispielsweise ausschließlich auf Pollen und Nektar der Glockenblumenarten angewiesen. Mit dem Anbau von Dill und Fenchel könnte mit viel Glück ein Schwalbenschwanz vorbeikommen und für Nachwuchs sorgen. Lavendel und Kohl lockt den Kohlweißling an.

Glockenblumen-Scherenbiene

Von Sinn und Unsinn von »Insektenhotels«

Nisthilfe für Insekten

Kaufen Sie keine sogenannten Insektenhotels im Baumarkt oder Gartencenter. Diese sind meistens mit Kiefernzapfen, Holzwolle, Rindenstücken, Schneckenhäusern oder ähnlichen untauglichen Materialien ausgestattet.

Wer Wildbienen (die nicht im Boden brütenden stellen etwa 30 Prozent) künstliche Nisthilfen anbietet, muss wissen, dass sie Hohlräume bzw. Bohrlöcher mit einem ganz bestimmten Durchmesser für ihre Brut benötigen. In der Natur nisten Wildbienen in Fraßgängen, die von Käfern in Totholz hinterlassen wurden. Die käuflichen Standardinsektenhotels werden oft aus Nadelholz gefertigt, was völlig untauglich für die Brutröhren der Wildbienen ist, da das austretende Harz die Brut verklebt und Fichtenholz rissig wird.

Wer auf seinem Balkon oder seiner Terrasse naturnah gärtnert, im Herbst nichts zurückschneidet, bietet Insekten ganz automatisch Nahrung und viele Unterschlupfmöglichkeiten. Wer trotzdem eine »künstliche« Nisthilfe anbieten will, kann mittlerweile auf qualitativ hochwertig gefertigte Nisthilfen aus Ton oder Hartholz zurückgreifen. Diese sind nicht nur zweckmäßig, sondern auch ästhetisch ansprechend gestaltet.

TIPP

Sammeln Sie Schilfrohrstängel oder Ähnliches, und bringen Sie sie auf gleiche Länge. Danach die Stängel bündeln und eng an eng in eine saubere Dose stecken. Bauen Sie die Dose anschließend in ein kleines Holzkästchen fest ein, und bringen Sie Ihr **Dosenhotel** an der Südwand Ihres Balkons hoch über Ihren Pflanzen an. Zuvor muss das Kästchen noch mit einem engen Hasendraht (Durchmesser max. 1,5 – 2 cm) vor Vögeln geschützt werden; dazu zwischen den nach vorne offenen Stängeln und dem Draht einen Abstand von ca. 5 cm einhalten. Übrigens: Bambusstängel sind für Nisthilfen ungeeignet!

Vogelbad und Bienentränke

Kein Lebewesen kann ohne Wasser leben. Auch Insekten und Vögel benötigen nicht nur an heißen und sehr trockenen Sommertagen Wasser.

Für **Insekten** empfiehlt es sich, flache Schalen mit Kieselsteinen und Wasser zu füllen und auf der Balkonbrüstung zu positionieren. Die Kieselsteinchen fungieren als »Rettungsboote« für die Nichtschwimmer in einer Insektentränke.

Vogelbad (oben), Miniteich mit Seerose (unten)

An heißen Tagen verdunstet das Wasser in den flachen Schalen sehr schnell. Wenn Sie ein Moospolster mit in die Schale geben, kann das Moos das Wasser etwas länger speichern.

Für **Vögel** ist eine etwas tiefere flache Schale mit Wasser geeignet, damit sie baden und trinken können. Das Wasser muss jeden Tag erneuert und die Schale gereinigt werden, damit sich die Vögel nicht gegenseitig mit Krankheiten anstecken.

Ob im Winter an der Futtersäule oder im Sommer an der Vogeltränke: Vögel zu beobachten ist nicht nur für Kinder ein spannendes Erlebnis. Und es ist lehrreich, da man auf diese Weise am besten lernt, um welche Arten es sich jeweils handelt und wie man Blau- und Kohlmeisen voneinander unterscheidet. Auch Rotkehlchen oder Stieglitze kann man häufig an unseren Futterstellen sehen. Vielleicht besucht Sie aber auch ein Kleiber oder Hausrotschwanz. Selbst Zugvögel wie der Seidenschwanz oder die Wacholderdrossel schauen auf der Suche nach Futter auf einem dicht bepflanzten Balkon vorbei.

Miniteich anlegen

Wie es sich für ein richtiges Biotop gehört, darf natürlich ein Teich nicht fehlen – sofern Sie Platz dafür haben und die Traglast des Balkons nicht überschritten wird. Dazu geeignet kann ein glasiertes oder ein anderes schönes Gefäß sein, z. B. aus Holz oder frostfester Keramik, in dem mithilfe einer kleinen Solarzelle aus einem »Quellstein« Wasser sprudeln kann.

Der Miniteich sollte wenigstens einen Durchmesser von 40 Zentimeter und eine Tiefe von 30 bis 50 Zentimeter haben. Bei kleineren Gefäßen erwärmt sich das Wasser zu schnell, und es enthält nicht mehr genügend Sauerstoff, sodass es »umkippt« (eutrophiert) und Algen wachsen. Stellen Sie den Miniteich deshalb nicht in die pralle Sonne.

Wenn Sie **Wasserlinse**, auch Entengrütze genannt, zugeben, bildet diese durch die Photosynthese Sauerstoff. Außerdem filtert sie Nitrat, Phosphat und Nährstoffe aus dem Wasser. Die kleinen Wasserlinsen sind der kostengünstigste Filter, da sie im Gegensatz zu Wasserpumpen oder Filteranlagen keine Energie benötigen.

Wasserpflanzen, die gerne von Insekten besucht werden, sind Fieberklee, Miniseerose, Froschlöffel oder Blutweiderich.

Selbst diese kleine Wasserfläche verbessert das Mikroklima durch Verdunstung – und mit ein wenig Glück kommt sogar noch eine Libelle vorbei. Ein Teich auf dem Balkon, welch eine Freude und welch ein Augenschmaus!

Wasserlinsen als kostengünstige Filter

Auf ein Schlusswort

Gärtnern im Klimawandel wird für uns alle ein spannendes Unterfangen werden. Es wird sehr heiße Sommer geben, die sich mit niederschlagsreichen Sommern abwechseln. Die milden Herbstzeiten bis in den Winter hinein verlängern unseren Aufenthalt und vor allem die Anbauzeiten auf dem Balkon.

Wir werden ausprobieren, wie sich die verschiedenen Kulturen in den jeweiligen Monaten entwickeln. Sicherlich werden nicht alle Pflanzen im Klimawandel bestehen; sie werden von anderen Kulturen abgelöst werden, und vielleicht ändert sich dadurch auch unser Ernteergebnis. Nachdem mediterrane Pflanzen schon seit Langem zu unseren Lieblingen zählen, werden weitere hitzeverträgliche Arten und Sorten bei uns heimisch werden.

Wichtig ist, dass wir das Experimentieren mit Interesse und Freude betreiben und uns nicht entmutigen lassen, wenn die eine oder andere Kultur nicht das gewünschte Ergebnis bringt.

Treiben Sie es bunt! Pflanzen Sie schöne, gesunde, duftende Blumen, Kräuter, Heilpflanzen, Obst und Gemüse auf Ihrem Balkon. Die Besuche von Bienen, Hummeln, Schmetterlingen und vielen anderen Insekten zeigen Ihnen jeden Tag aufs Neue, dass die von Ihnen kultivierte biologische Vielfalt unser aller Leben bereichert und verschönert.

Von Permakulturmethoden und Mischkultur lernen

Alle Inhalte in diesem Buch beruhen auf dem Praxiswissen der Permakultur, das ich seit vielen Jahrzehnten in Vorträgen und Seminaren lehre.

Es beginnt mit der Planung der Balkongestaltung, dem Bezug von ökologischer, torffreier Erde, dem Kauf von Sämereien und Pflanzenmaterial aus zertifizierten ökologischen Betrieben, der eigenen Herstellung von organischen Düngern, der Zusammenstellung von Mischkulturen unter Berücksichtigung der Pflanzenfamilien und endet mit der Wiederverwendung und dem Recycling von Materialien.

Dem Permakulturprinzip liegt ein ganzheitliches, naturnahes Konzept zugrunde, bei dem ein achtsamer, ressourcenschonender Umgang mit der Natur zum Lebensprinzip erhoben wird, ob im Garten, auf dem Balkon oder im Alltag.

Wie aus den Pflanzlisten von Gemüsen, Kräutern, Wildpflanzen und Obstgehölzen ersichtlich wird, kann selbst ein kleiner Balkon einen Beitrag zum Klimaschutz leisten und die eigene Versorgung unterstützen. Eine dichte, üppige Bepflanzung verbessert das Balkonklima erheblich; das Wohlgefühl lässt sich mit einem Miniteich steigern.

Mit den Methoden der Permakultur wird Ihr Balkon zum **Klimabalkon** und bietet Lebensraum für eine größtmögliche Artenvielfalt. »Schädlinge« und »Unkraut« gibt es nicht, denn jedes Tier und jede Pflanze hat seinen Platz im Kosmos der Natur – und sein Lebensrecht. Es ist wunderbar, all die Pflanzen- und Tierarten, die zu uns zu Besuch kommen, kennenzulernen. Mitunter siedeln sich heimische Wildpflanzen an, die unsere Gesundheit unterstützen. Sie stellen sich dort ein, wo der Boden für sie passend ist – und sie entwickeln den Boden weiter und bereiten ihn für andere Pflanzen vor. Unsere fliegenden Gäste sind es letztendlich, die unsere Pflanzen bestäuben und dafür sorgen, dass wir Beeren und Obst ernten und genießen können und wertvolles Saatgut entsteht.

Je größer die Vielfalt an Pflanzen auf dem **Permakultur-Klimabalkon** ist, umso geringer sind die Probleme, denn Pflanzen schützen und fördern sich bekanntlich gegenseitig.

Geduld, Achtsamkeit und Respekt können zu einem neuen Verständnis, zu einem neuen Umgang mit allem Lebendigen führen.

Die Methode der Permakultur **Wahrnehmen – Beobachten – Erkennen – Verstehen – Handeln** kann uns zu der Erkenntnis führen, wie spannend es ist, das »Netz der Natur«, seine Zusammenhänge und Wechselwirkungen zu begreifen.

Ulrike Windsperger,
Winter 2022

Der große Überblick

Pflanzenfamilie	Wurzelsystem *	Nährstoff-bedarf	Lebenszyklus	gute Nachbarn	Heilwirkung
Art	flach-mittel-tief wurzelnd	schwach-mittel-stark zehrend	ein-/zwei-/mehrjährig		Inhaltstoffe
Doldenblütler ** (Apiaceae)					
Möhre (Karotte, Gelbe Rübe) (Daucus carota ssp. sativus)	Pfahlwurzler	Mittelzehrer	2 - jährig bei Samenbildung Ernte im 1. Jahr	Salate/Dill/Erben/Lauch/Schnitt-lauch/Knoblauch	Verdauung, Augen Carotin,Vitamin C, Kalium Eisen
Pastinake (Pastinaca sativa)	Mittel-/ Tief-wurzler	Mittelzehrer	2 - jährig bei Samenbildung Ernte im 1. Jahr	Erbsen/Rettich/Zwiebeln/Dill/Rote Bete/Salat/Spinat Ringelblumen/Son-nenblumen	Magen-/Darm-beschwerden Kalium, Calzium, Magne-sium
Sellerie (Knollens.) (Apium graveolens)	Tiefwurzler	Starkzehrer	2-jährig bei Samenbild. Ernte im 1. Jahr	Spinat/Gurken/Buschbohnen/Kohl/Lauch/Kohlrabi	Rheuma, Arthritis, Gicht Vitamine B1-B2-B6-C-K, Kalium, Kalzium, Phosph[illegible] Eisen, Magnesium
Wurzelpetersilie (Petroselinum crispum ssp. tuberosum)	Pfahl-/ Mittel-wurzler	Mittel-/ Starkzehrer	2-jährig bei Samenbild. Ernte im 1. Jahr	Bohnen/Erbsen/Mangold/Rote Bete/Spinat	harntreibend, entwäs-sernd, blutreinigend Kalium, Calzium, Eisen, Vitmanie B-C-E
Gewürzfenchel (Foeniculum vulga-re var. dulce)	Tiefwurzler	Mittelzehrer	2-jährig	Endivie/Erbsen/Feldsalat/Gurken/Lauch	krampflösend, harn-treibend, mild abführend Kalium, Calzium, Magne-sium, Folsäure, Vitamin C
Gemüsefenchel (Foeniculum vulga-re var. azoricum)	Tiefwurzler	Starkzehrer	2-jährig bei Samenbild. Ernte im 1. Jahr	Salate/Radieschen/Tomaten/Blumen-kohl/Salbei	antibakteriell, schleimlö-send Kalium, Calzium, Phosph[illegible] Eisen, Vitamine A-B-C
Dill (Anethum graveolens)	Tiefwurzler	Schwach-zehrer	1-jährig	Estragon/Salbei/Kamille/Gurken/Sa-late/Möhren/Kohl	magenstärkend, krampf-lösend, appetitanregend Kalium, Calzium, B-Vitami-ne, A-C-E
Kümmel (Carum carvi)	Pfahl-/ Tief-wurzler	Schwach-zehrer	2-jährig	Gurken/Kartoffeln/Kohl	antibakteriell, verdauung fördernd, krampflösend, durchblutungsfördernd Vitamin C, Eiweiß, Gerbstoffe, Harz, Flavon-oide, Cumarine, Vitamin C, Eiweiß, Gerbstoffe, Harz Flavonoide, Cumarine
Kerbel (Anthriscus cere-folium)	Flachwurzler	Schwach-zehrer	1-jährig	Salat/Endivien/Gurken/Kohlrabi	blutreinigend, harntreiben fiebersenkend, schleim-lösend, bei Erkältungen, Kopfschmerzen, Gedächtnisstörungen Eisen, Zink, Kalium, Vitami A-C, Calzium, Bitterstoffe

flanzenfamilie	Wurzelsystem *	Nährstoff-bedarf	Lebenszyklus	gute Nachbarn	Heilwirkung
Art	flach-mittel-tief wurzelnd	schwach-mittel-stark zehrend	ein-/zwei-/mehrjährig		Inhaltstoffe
reuzblütler *** [Brassicaceae]					
ohlrabi [Bras-ca oleracea var. ngylodes L.]	Flach-/ Herz-wurzler	Mittelzehrer	2-jährig bei Samenbild.	Oregano/Salbei/ Buschbohnen/ Ringelblume/Gurke/ Kopfsalat/Erdbee-ren/Erbsen/Lauch	krebshemmend, verdau-ungsanregend Magnesium, Selen, Calzium, Folsäure, Vitamine B-C, Kalium
ucola (Rauke) ruca vesicaria p. Sativa]	Flachwurzler	Schwach-zehrer	1-jährig	Erdbeeren/Möhren/ Salat/Sellerie/Zwie-beln/Ringelblumen	antirheumatisch, durch-blutungs-/verdauungsför-dernd Beta-Carotin, Folsäure, Kalium, Kalzium, Vitamin C
ilde Rauke [Dip-taxis tenuifolia]			mehrjährig/ frosthart		stoffwechselanregend Calzium, Kalium, Magne-sium, Eisen Natrium, Nitrat, Phosphor, Senföle
adieschen iszapfen) aphanus sativus r. sativus]	Flachwurzler	Schwach-zehrer	1-jährig	Bohnen/Erbsen/ Kohl/Kopfsalat/ Möhren	Erkältungen, Husten, Heiser-keit, Bronchitis, Schnup-fen Kalium, Magnesium, Calzium, Eisen
osenkohl [Bras-ca oleracea var. mmifera]	Tiefwurzler	Starkzehrer	2-jährig bei Samenbild.	Dill/Kamille/Küm-mel/Lauch Oregano/Salbei/Sa-late/Spinat	antioxidativ, krebs-/entzün-dungshemmend Eisen, Calzium, Kalium, Magnesium, Vitamine A-C
ak Choi rassica rapa ssp. inensis]	Mittelwurzler	Mittelzehrer	1-jährig	Kopfsalat/Feldsalat/ Eichblatt/Paprika/ Chili/Mangold	antioxidativ, krebshemmend Kalium, Carotin, Calzium, Senföle
ünkohl/ Palm-hl rassica oleracea r. sabellica L. / r. palmifolia DC.]	Mittel-/ Tief-wurzler	Starkzehrer	2-jährig bei Samenbild.	Borretsch/Erbsen/ Gurken/Kohlrabi/ Rote Bete/Mangold	Cholesterinsenkend, ent-zündungshemmend Vitamin K, Omega-3-Fett-säuren, Kalium, Calzium, Vitamin E, Magnesium
okkoli rassica oleracea r. italica]	Mittelwurzler	Starkzehrer	2-jährig	Dill/Phacelia/ Kamille/Oregano/ Kümmel/Salate/ Thymian	antioxidativ, entzündungs-hemmend, antimikrobiell Vitamin K, Folsäure, Kalium, Senfölglykoside
attstielgemüse rassica rapa ssp. lvestris]	Flachwurzler	Schwach-zehrer	1-jährig mehrfach erntbar	alle, außer Kreuz-blütler	siehe Kohlarten Vitamine A-B-C-E, Folsäure, Eisen, Calzium, Senfölgly-koside

lachwurzler 15-20 cm, Mittelwurzler bis zu 40 cm, Tiefwurzler ab 40 cm
Doldenblütler nicht am selben Ort wieder anbauen
Kreuzblütler nicht am selben Ort wieder anbauen (Ausnahme Radieschen); essbare/schmackhafte Blüten
** nicht mit anderen Nachtschattenpflanzen kombinieren

Pflanzenfamilie	Wurzelsystem *	Nährstoff-bedarf	Lebenszyklus	gute Nachbarn	Heilwirkung
Art	flach-mittel-tief wurzelnd	schwach-mittel-stark zehrend	ein-/zwei-/mehrjährig		Inhaltstoffe
Hülsenfrüchte (Fabaceae; Schmetterlingsblütler/Leguminosen)					
Buschbohne (Phaseolus vulgaris var. nanus)	Mittel-/ Tief-wurzler	Schwach-zehrer	1-jährig	Auberginen/Bohnen-kraut/Dill/ Endivien/ Gurken/Kohlrabi/ Mangold/Salate/ Thymian	antioxidativ/-karzinogen, blutzuckersenkend Vitamine B2-B6, Kalium
Stangenbohnen (Phaseolus vulgaris L. var. vulgaris)	Mittel-/ Tief-wurzler	Schwach-zehrer	1-jährig	(s. auch Buschboh-ne)	senkt Cholesterinspiegel, gut für Darmgesundheit Calzium, Magnesium
Erbsen/Schal- & Zuckererbsen (Pisum sativum)	Mittel-/ Tief-wurzler	Schwach-zehrer	1-jährig	Gurken/Kohlrabi/ Fenchel/ Auber-ginen/Grünkohl/ Salate/ Rote Bete/ Zucchini	antioxidativ, herzstärkend, Immunsystem stärkend Molybdän, Mangan, Kupfer
Fuchsschwanzgewächse (Amaranthaceae)					
Mangold (Beta vulgaris ssp. vulgaris)	Tiefwurzler	Schwach-zehrer	1-2-jährig	Erbsen/Bohnen/ Kohlrabi/ Salate/ Kapuzinerkresse	antioxidativ, entzündungs-hemmend Vitamine B-C-E, Beta-Ca-rotin, Kalium, Calzium, Magnesium
Spinat (Spinacia oleracea)	Tiefwurzler	Schwach-/ Mittelzehrer	1-2-jährig	Erdbeeren/Dill/Grün-kohl/Gurken/Pasti-naken/Tomaten	antioxidativ, gegen Blähun-gen, blutdrucksenkend Beta-Carotin, Folsäure, Vitamine B-E-K
Gartenmelde (Atriplex hortensis)	Flachwurzler	Schwach-zehrer	1-jährig	Kartoffeln/Kohl/ Hülsenfr.	stoffwechselanregend, harntreibend Calzium, Phosphor, Magne-sium, Kalium Vitamine A-C
Rote Bete (Beta vulgaris ssp. vulgaris var. cond.)	Tiefwurzler	Mittelzehrer	2-jährig	Salate/Gurken/Boh-nen/Kohl	entzündungshemmend, blutbildend Vitamine B-C, Folsäure, Kalium, Calzium, Phosphor, Magnesium, Eisen
Guter Heinrich (Chenopodium bonus-henricus)	Mittel-/ Tief-wurzler	Schwach-/ Mittelzehr.	mehrjährig	passt zu allen Pflanzen	Rheuma, Eisenmangel Eisen, Vitamin C, Saponine

* Flachwurzler 15-20 cm, Mittelwurzler bis zu 40 cm, Tiefwurzler ab 40 cm
** Doldenblütler nicht am selben Ort wieder anbauen
** Kreuzblütler nicht am selben Ort wieder anbauen (Ausnahme Radieschen); essbare/schmackhafte Blüten
**** nicht mit anderen Nachtschattenpflanzen kombinieren

flanzenfamilie	Wurzelsystem *	Nährstoff-bedarf	Lebenszyklus	gute Nachbarn	Heilwirkung
Art	flach-mittel-tief wurzelnd	schwach-mittel-stark zehrend	ein-/zwei-/mehrjährig		Inhaltstoffe
ürbisgewächse (Cucurbitaceae)					
ucchini ucurbita pepo nvar. giromon-na)				Stangenbohnen/ Zwiebeln	stärkt Immunsystem, zellschützend, regeneriert Zellen Vitamine A-B1-B3-B6, Kalium, Calzium, Phosphor
ürbisse ucurbita)	Tiefwurzler	Starkzehrer	1-jährig	Hülsenfrüchte/ Zuckermais/ Kapuzinerkresse/ Borretsch/Spinat/ Zwiebel/Fenchel	cholesterin-/blutdrucksenkend, antioxidativ Beta-Carotin, Kalium, Calzium, Magnesium
urken ucumis sativus)	Flachwurzler	Starkzehrer	1-jährig	Zwiebeln/Knoblauch/ Erbsen/Fenchel/ Bohnen/Salate/Dill/ Spinat/Sellerie	blutzuckersenkend, blutreinigend, entschlackend, augenstärkend Vitamine C-B3-B6-E-K, Kalium, Calzium, Magnesium, Zink
achtschattengewächse**** (Solanacaea)					
aprika apsicum annu-n)	Tiefwurzler	Mittel-/ Starkzehrer	mehrjährig überwintern mgl. (Gewächshaus)	alle Kohlarten/Salate/ Bohnen/Gurken/ Kapuzinerkresse/ Ringelblume/Petersilie	antientzündlich/-oxidativ/ -septisch, verdauungsfördernd Vitamine A-B-C, Kalium, Magnesium, Zink
hili apsicum frute-ens)	Flachwurzler	Starkzehrer	mehrjährig überwintern mgl.	Rucola/Radieschen/ Basilikum/Kürbis/ Gurken/Mangold	antioxidativ, entzündungshemmend Capsaicin, Carotinoide, Vitamin C
omaten olanum lycoper-cum)	Tiefwurzler	Starkzehrer	1-jährig überwintern mgl.	Basilikum/Oregano/Buschbohnen/ Knoblauch/Kohlrabi/ Tagetes/Ringelblumen/Dill/ Lauch/ Zwiebeln	bei Arterienverkalkung, Zellschutz (Krebs), Herz-Kreislauf-Unterstützung, cholesterinsenkend Vitamin B1-B2-B6-C-E, Lycopin, versch. Mineralien
uberginen olanum melon-ena)	Tiefwurzler	Starkzehrer	1-jährig überwintern mgl.	Erbsen/Gartenbohnen/Estragon/Thymian/Salat	cholesterinsenkend, bei Gelenkschmerzen, antientzündlich/-oxidativ Vitamin A-B-C, Mineralstoffe
maryllisgewächse (Amaryllidaceae)					
wiebeln, Lauch-wiebel, Winter-eckenzwiebel, uftzwiebel	Flachwurzler	Schwachzehrer	2-jährig bei Samenbild.	Bohnenkraut/Dill/ Erdbeeren/Kopfsalat/Gurken/Rote Bete	antibakteriell, entzündungshemmend, blutbildend, blutzuckersenkend ätherische Öle, Vitamine, Jod, Carotin, Phosphor, Zink

Literatur und Internetquellen

Abtei Fulda (Hrsg., 1992): Heil- und Würzkräuter. Naturgemäßer Anbau und Verwendung. Benediktinerinnen Abtei Fulda.

Anthes, D.; Schulenburg, K. (2018): Weil wir Essen lieben. Vom achtsamen Umgang mit Lebensmitteln: Mit Rezepten für die Resteküche. oekom verlag, München.

Arzt, V. (2009, 2011): Kluge Pflanzen. Wie sie locken, lügen und sich wehren. Bertelsmann, München.

Böhme, G. (1992): Natürlich Natur. Über Natur im Zeitalter ihrer technischen Reproduzierbarkeit. Suhrkamp, Berlin.

Bundesamt für Naturschutz (BfN)
Wildpflanzen in Deutschland: www.floraweb.de
Bundesprogramm Biologische Vielfalt:
https://biologischevielfalt.bfn.de/bundesprogramm/

Deutscher Wetterdienst: www.dwd.de

Engelsmann, V.; Geier, B. (Hrsg., 2018): Die Preise lügen. Warum uns billige Lebensmittel teuer zu stehen kommen. oekom verlag, München.

Goethe, J. W. von (1790): Schriften zur Naturwissenschaft (Kapitel: Die Metamorphose der Pflanzen).

Göpel, M. (2020): Unsere Welt neu denken. Eine Einladung. Ullstein, Berlin.

Grohmann, G. (1996): Lesebuch der Pflanzenkunde. Verlag Freies Geistesleben, Stuttgart.

Hösle, V. (1994): Philosophie der ökologischen Krise. Moskauer Vorträge. Verlag C.H. Beck, München.

Kretschmann K.; Behm R. (2007): Mulch total. Der Garten der Zukunft. Organischer Landbau Verlag, Kevelaer.

Kutschera, L.; Lichtenegger, E. (2013): Wurzelatlas der Kulturpflanzen gemäßigter Gebiete mit Arten des Feldgemüsebaues. Leopold Stocker Verlag, Wien.

Lambert Ortiz, E. (2001): Kräuter Gewürze & Essenzen. Das Handbuch für die Küche. Christian Verlag, München.

Lovelock, J. (2021): Das Gaia-Prinzip Die Biographie unseres Planeten. oekom verlag, München.

Maturana, H. R.; Varela F. J. (2009): Der Baum der Erkenntnis. Die biologischen Wurzeln des menschlichen Erkennens. Fischer, Frankfurt.

Niemitz, Carsten (Hrsg., 1987): Erbe und Umwelt. Zur Natur von Anlage und Selbstbestimmung des Menschen. Suhrkamp, Berlin.

Pahlow, M. (2021): Das große Buch der Heilpflanzen. Gesund durch die Heilkräfte der Natur. GU, München.

Pflanzenforschung.de, c/o Genius GmbH:
https://www.pflanzenforschung.de

Reckwitz, A. (2019): Die Gesellschaft der Singularitäten. Zum Strukturwandel der Moderne. Suhrkamp, Berlin.

Rosa, H. (2016): Resonanz. Eine Soziologie der Weltbeziehung. Suhrkamp, Berlin.

Scheub, U.; Schwarzer, S. (2017): Die Humusrevolution. Wie wir den Boden heilen, das Klima retten und die Ernährungswende schaffen. oekom verlag, München

Schiemann, G. (Hrsg., 1996): Was ist Natur? Klassische Texte zur Naturphilosophie. dtv, München.

Scholz, H. (1990): Sanft heilen mit Naturmedizin. 130 bewährte Heilmittel für Ihre Gesundheit. Verlag Imidena, Aarau/CH.

Schumacher, E. F. (2019): Small is beautiful. Die Rückkehr zum menschlichen Maß. oekom verlag, München.

Stengel, O. (2021): Vom Ende der Landwirtschaft. Wie wir die Menschen ernähren. oekom verlag, München.

Storl, W.D. (2020): Bekannte und vergessene Gemüse. Botanik, Geschichte, Heilkunde und Anwendungen. AT Verlag, Aarau/CH.

Umweltbundesamt: www. umweltbundesamt.de.

Weber, A. (2007): Alles fühlt. Mensch, Natur und die Revolution der Lebenswissenschaften. Berlin Verlag, Berlin.

Welzer, H. (2019): Alles könnte anders sein. Eine Gesellschaftsutopie für freie Menschen. Fischer Verlag, Frankfurt.

Welzer, H. (2013): Selbst denken. Eine Anleitung zum Widerstand. Fischer Verlag, Frankfurt.

Windsperger, U. (2016): Handbuch Permakultur. Klug planen und nachhaltig gärtnern. Ulmer Verlag, Stuttgart.

Windsperger, U. (2021): Permakultur auf dem Balkon. Reiche Ernte auf kleinen Flächen. Bio-Gärtnern für zuhause. Yuna Verlag, München.

Bezugsadressen

Biosaatgut und -pflanzen, alte Sorten, Kräuter und Wildpflanzen

Ahornblatt. Zukunftswerkstatt Pflanzenvielfalt
Postfach 1173, 55001 Mainz
www.ahornblatt-garten.de

Arche Noah. Gesellschaft für die Erhaltug der Kulturpflanzenvielfalt & ihre Entwicklung
Obere Straße 40, A-3553 Schiltern
www.arche-noah.at

Baumschule Gerhard Baumgartner
Hauptstr. 2, 84378 Nöham
www. baumgartner-baumschulen.de

Bingenheimer Saatgut AG
Kronstr. 24, 61209 Echzell
www.bingenheimersaatgut.de

Bioland Baumschule PFLANZLUST /Biobaumversand
Niederelsungerstr. 23, 34466 Wolfhagen-Nothfelden
https://biobaumversand.de/

Gärtnerei Blu-Blumen GbR
www.blu-schmeckt.de

Dreschflegel GbR
In der Aue 31, 37214 Witzenhusen
www.dreschflegel-saatgut.de

Staudengärtnerei Dieter Gaissmayer
Jungviehweide 3, 89257 Illertissen
www.staudengaissmayer.de

Bioland Hof Jeebel, Biogartenversand OHG
Jeebel 17, 29410 Salzwedel OT Jeebel
info@biogartenversand.de

ProSpecieRara
Stiftung zum Erhalt genetischer Vielfalt von Pflanzen und Tier
Unter Brüglingen 6, CH-4052 Basel
www.prospecierara.ch

ReinSaat GmbH
A-3572 St. Leonhard am Hornerwald 69
www.reinsaat.at

Rieger-Hofmann GmbH
In den Wildblumen 7-11, 74572 Blaufelden-Raboldshausen
www.rieger-hofmann.de

Rühlemann's Kräuter und Duftpflanzen
Auf dem Berg 2, 27367 Horstedt
www.kraeuter-und-duftpflanzen.de

Sativa Biosaatgut
sativa@sativa-biosaatgut.de

Gartenbau Strickler GmbH
Weinheimer Landstr. 71, 55232 Alzey
www.gärtnerei-strickler.de

Syringa Kräutergärtnerei GbR
Untere Gräben 1, 78247 Hilzingen-Binningen
www.syringa-pflanzen.de

Verein zur Erhaltung der Nutzpflanzenvielfalt e. V. (VEN)
Mondrianplatz 11, 36041 Fulda
www.nutzpflanzenvielfalt.de

Vern e. V.
Burgstr. 20, 16278 Angermünde/OT Greiffenberg
www.vern-ev.de

Gartenzubehör, Dünger, Erden, Substrate, etc.

BUND Einkaufsführer »Blumenerde ohne Torf«
https://www.bund.net/fileadmin/user_upload_bund/publikationen/naturschutz/naturschutz_einkaufsfuehrer_torffreie_erden.pdf

Effektive Mikroorganismen: www.em-chiemgau.de

Erden und Substrate: www. humusziegel.de

Gartenzubehör: www.waschbaer.de

Kompostierungshilfen: www.wurmwelten.de

Schafwollpellets: www.schafwollpellets.at

Torffreie Erden: www.Neudorff.de, www.ökohum.info

Bildnachweise

Adobe Stock:
7 [Luoxi], 12 [Kara], 13 [Patrick Daxenbichler], 14 o. [aardenn], 14 u. [Heather Jane], 15 [Stefan-Joachim], 16 m. [SerkanMutan], 17 o. [eyetronic], 17 m. [Yuichi Mori], 18 o. [Federico Rostagno], 19 [alisonhancock], 20 u. [Tanouchka], 21 [Inna], 24 [K.- P. Adler], 29 [H. Brauer], 30 o. [Ekaterina Pokrovsky], 30 m. [chihana], 30 u. r. [Willy], 31 [1abilder], 33 m. [Thomas], 33 u. [Turi], 34 o. [Christine], 35 [grinchh], 36 [Tatjana Balzer], 37 o. [Milan], 37 u. [Chander], 40 [bittedanke-schön], 42 o. [TwilightArtPictures], 43 [Martina], 44 o. [TwilightArtPictures], 44. u. [nikolaydonetsk], 47 [Garden Guru], 48 o. [scullery], 48 m. [ElenaMa-siutkina], 50 o. [Maria], 50 m. [JM Soedher], 51 [Volker], 53 o. [RRF], 53 u. [Lars Johansson], 55 o. [Johanna Mühlbauer], 55 u. [Ruckszio], 56 [dr_verner], 58 [Annie Shropshire], 60 o. [chesterF], 60 u. [SoilPaparazzi], 63 [Petra Schueller], 64 m. [Martina], 65 [agenturfotografin], 66 [Edda Dupree], 67 u. [annanahabed], 68 m. [Thomas], 68 u. [dima_pics], 69 m. [Satoshi Kina], 71 [Piyachok Thawornmat], 72 o. [knipseria], 72 m. [Karl-Heinz H], 73 [PIXATERRA], 74 [Katecat], 75 [Jurga Jot], 76 u. l. [Kristen], 76 u. r. [M. Dörr & M. Frommherz], 79 o. [iMarzi], 79 u. [Victor Koldunov], 80 [AshleyBelle], 81 m. [syuntarou], 81 u. [JRG], 82 [Olga], 83 [zlikovec], 84 [M. Schuppich], 86 o. [zorgens], 86 u. [PIXA-TERRA], 87 o. [Michael Tieck], 87 m. [senderone], 87 u. [Alexander], 89 o. [shiro2mashiro], 89 u. [Oleksandr Filatov], 91 [Karin Jähne], 92 u. [Tupungato], 95 o. [leopictures], 95 m. [Rhönbergfoto], 96 [joli17], 97 o. [Christine], 97 m. [Aggi Schmid], 97 u. [Christian Pedant], 98 [Fokussiert], 100 [Ruckszio], 101 [Ashley-Belle], 106 l. [EvaRuth], 106 r. [Tom Bayer], 107 m. [murasal], 107 u. [7monarda], 108 [Walker one], 110 [JackF], 112 [Soho A studio], 114 o. [Alexander Ozerov], 114 u. [valya82], 116 o. [pandaclub23], 116 u. [O. Riepe], 117 [guentermanaus], 118 o. [Eifelkraken], 118 u. l. [irairopa], 118 u. r. [Ruckszio], 119 u. l. [Bill Ernest], 119 u. r. [Grigoriy], 120 o. [Frank Kuschmierz], 120 m.o. [kristina rütten], 120 m. u. [Harry Wedzinga], 120 u. [Elke Hötzel], 121 m. [madredus], 121 u. [M. Schup-pich], 122 o. [ronm], 122 u. [piXuLariUm], 123 o. [Maren Winter], 123 m. [M. Schuppich], 124 o. [Alena], 124 u. [Mathis Leicht], 125 [Robert Poorten], 126 [hcast], 128 o. [schankz], 128 u. [Dusan Kostic], 129 o. [Friedberg], 129 m. [Swetlana Wall], 129 u. [Ideen], 134 [Mira Drodowski], 137 [Sulamith Sallmann], 138 o. [alexandra_k], 138 u. [Imaginis], 140 m. [AleMasche72], 140 u. [Andie_Alpion], 142 [Sebastian Grote], 144 [Racle Fotodesign], 146 o. [xiaosan], 146 u. [Jason], 147 u. [angor75], 148 m. [Dariusz Leszczyński], 148 u. [Christophe.dtr], 149 o. [bennytrapp], 149 m. [Simona Sirio], 150 [JoannaTkaczuk], 151 o. [upen], 151 m. [Petra Beerhalter], 151 u. [Roswitha], 152 [WORLDLIFE-PHOTO] 153 [Maryana], 154 [Karin Jähne], 156 o. [soleg], 156 u. [Ingo Bartussek], 157 [Brastock Images], 158 o. [pegasosart], 159 [lcrms], 160 o. [Chamois huntress], 160 u. [blickwinkel2511], 161 [srckomkrit]

iStockphoto:
8 [querbeet], 52 [Thomas Demarczyk], 71 u. l. [Naphat_Jorjee], 71 u. r. [Naphat_Jorjee], 147 o. [Veresovich]

Elisabeth Koppensteiner/GARTENleben: 46

DLG-Verlag: 42

Shutterstock:
10 [alfotokunst], 18 m. [Grand Warszawski], 27 o. [MaryDesy], 32 [Trong Nguyen], 45 [jelloyd], 47 [Hans Verburg], 48 u. [Gardens by Design]m, 115 u. [Bembo20]

Statista:
23 [Biological Conservation 2019]

Wikimedia:
11 [DWD/CC BY-NC-ND 4.0], 16 [Beentree/CC BY-SA 3.0], 20 [Ferdinand Knab], 22 [DWD/Fra-Ka], 26 [Alexander Roslin], 27 [Walter J. Pilsak/CC BY-SA 3.0], 30 [Keith Weller], 34 u. [Krzysztof Ziarnek/CC BY-SA 4.0], 39 [Hans Peter Schaefer/CC BY-SA 3.0], 49 [Semnoz/CC BY-SA 3.0], 64 [Mussklprozz/CC BY-SA 3.0], 67 [Benoit Rochon/CC BY 3.0], 69 [Sailko/CC BY 3.0], 70 [AK-Bino/CC BY-SA 4.0], 78 [Michael Linnenbach/CC BY-SA 3.0], 85 [Shhewitt/CC BY-SA 4.0], 90 [Marco Merz 94/CC BY-SA 4.0], 92 [Jerzy Opioła/CC BY-SA 4.0], 93 [Nicolas Y. D. TIREL], 101 [Diego Grez], 102 [Doc James/CC BY-SA 4.0], 104 [Fredda89/CC BY-SA 4.0], 105 [Chmee2/CC BY-SA 3.0], 113 [Dieter rogge], 115 [André Karwath aka Aka/CC BY-SA 2.5], 123 u. [Björn Appel/CC BY-SA 3.0], 130 [Rai'ke/CC BY-SA 3.0], 131 [Raitche], 146 m. [Kay Howold, www.hansa-segel.de/CC BY-SA 3.0], 149 u. [Alvesgaspar/CC BY-SA 3.0], 152 [CC BY 3.0/IKAI], 158 u. [Martin Andersson/CC BY-SA 3.0]

Register